RECHERCHES
SUR LES
NAVIGATIONS EUROPÉENNES

FAITES AU MOYEN ÂGE

AUX CÔTES OCCIDENTALES D'AFRIQUE

EN DEHORS

DES NAVIGATIONS PORTUGAISES DU XVIᵉ SIÈCLE

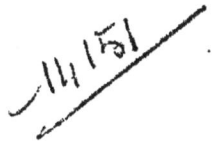

OUVRAGES DU MÊME AUTEUR

Découvertes et Établissements de Cavelier de la Salle, de Rouen, dans l'Amérique du Nord (lacs Ontario, Érié, Huron, Michigan, vallées de l'Ohio et du Mississipi et Texas). Gr. in-8° de XII et 412 p. avec portrait, armes et cartes. Paris, Maisonneuve, 1870. Ouvrage couronné par la Société libre d'Émulation du Commerce et de l'Industrie de la Seine-Inférieure.

Cavelier de la Salle, de Rouen. Étude historique et bibliographique servant de complément aux Découvertes et Établissements. Gr. in-8° de 123 p. avec portrait. Paris, Maisonneuve, 1871.

Deuxième voyage du dieppois Jean Ribant à la Floride, en 1565 (Relation de N. Le Challeux), précédé d'une notice historique et bibliographique. Petit in-4° de X et 55 p. Rouen, Boissel, 1872. Publication de la Société Rouennaise de Bibliophiles.

Relation du voyage des Dames Religieuses Ursulines de Rouen à la Nouvelle-Orléans, parties de France le 22 février 1727 et arrivées à la Louisiane le 23 juillet de la même année. Petit in-4° de LIX et 122 p. Paris, Maisonneuve, 1872.

Découverte de l'Amérique par les Normands au X° siècle. Petit in-4° de XXXIX et 250 p., avec 3 cartes et 1 planche. Paris, Maisonneuve, 1874. Ouvrage couronné par la Société de Géographie de Paris.

Le Canarien, livre de la conquête et conversion des Canaries (1402-1422) par Jean de Béthencourt, gentilhomme cauchois, publié d'après le manuscrit original, avec introduction et notes. Gr. in-8° de LXXXIII et 258 p., orné de 2 cartes. Rouen, Métérie, 1874. Publication de la Société de l'Histoire de Normandie.

Manuel de la cosmographie du moyen-âge, traduit de l'arabe par M. A.-F. Mehren. Compte-rendu à la Société de Géographie de Paris. Extrait du Bulletin de la Société de Géographie, cahier de juillet 1875.

Notice sur le Roc de Dighton et le séjour des Scandinaves en Amérique au commencement du XI° siècle. In-8° de 27 p. avec une carte et une planche. Nancy, 1875. Extrait des Mémoires de la 1re session du Congrès international des Américanistes.

Création d'observatoires circumpolaires. — Examen du discours de M. Charles Weyprecht. — Principes fondamentaux de l'exploration arctique. In-8° de 20 p. Extrait du Bulletin de la Société de Géographie de Paris, cahier de septembre 1877.

Allocution faite à la Société de Géographie, dans sa séance du 21 novembre 1877, sur la 2° session du Congrès international des Américanistes tenue à Luxembourg du 10 au 13 septembre 1877. Petit in-4° de 29 p. Paris, Maisonneuve, 1877.

La Route du Mississipi. In-8° de 76 p. Nancy, 1878. Extrait des Mémoires de la 2° session du Congrès international des Américanistes.

PARIS. — IMPRIMERIE DE E. MARTINET, RUE MIGNON, 2.

RECHERCHES

SUR LES

NAVIGATIONS EUROPÉENNES

FAITES AU MOYEN AGE

AUX COTES OCCIDENTALES D'AFRIQUE

EN DEHORS

DES NAVIGATIONS PORTUGAISES DU XVIe SIÈCLE

PAR

Gabriel GRAVIER

OFFICIER D'ACADÉMIE

Membre de la Société de Géographie de Paris,
de la Société des Antiquaires de Normandie, trésorier de la Société
de l'Histoire de Normandie, vice-président de la Société Rouennaise de bibliophiles,
membre correspondant de la Société de Géographie commerciale de Paris, de l'Académie de Stanislas
de Nancy, de la Sociedad economica de Grand-Canaria, de la Società ligure di Storia
patria de Gênes; Lauréat de la Société de Géographie de Paris et
de la Société libre d'émulation du Commerce et de l'Industrie
de la Seine-Inférieure.

EXTRAIT DES COMPTES RENDUS
DU CONGRÈS INTERNATIONAL DES SCIENCES GÉOGRAPHIQUES

PARIS

IMPRIMERIE DE E. MARTINET

2, RUE MIGNON, 2

1878

RECHERCHES
SUR LES
NAVIGATIONS EUROPÉENNES

FAITES AU MOYEN AGE

AUX COTES OCCIDENTALES D'AFRIQUE.

EN DEHORS DES NAVIGATIONS PORTUGAISES DU XV° SIÈCL

Le travail que nous avons l'honneur de vous présenter est une réponse à la première partie de la question n° 82 : « Faire connaître les résultats des recherches les plus récentes au sujet des navigations européennes le long des côtes occidentales d'Afrique et sur la route maritime de l'Inde, en dehors des navigations portugaises ».

Les faits dont nous entreprenons le récit sont vivement contestés par M. le vicomte de Santarem et par M. Henry Major.

Y a-t-il présomption ou témérité de notre part à soutenir la thèse opposée à celle de deux savants dont les œuvres ont une valeur exceptionnelle et une incontestable autorité? Non. Nous disons comme notre vénéré et très-regretté maître M. d'Avezac : « Il y aurait présomption à nous de mesurer nos forces personnelles contre d'aussi redoutables jouteurs; il n'y en a point à apporter purement et simplement la preuve des faits qu'ils dénient : preuve toujours positive, directe, expresse, soit pour affirmer les faits eux-mêmes, soit pour détruire les objections négatives ou les faits contradictoires qu'on a tenté de leur opposer ».

I

Les anciennes navigations des Européens sur les côtes d'Afrique se perdent dans les lointains horizons du moyen âge.

La première dont on ait conservé le souvenir est celle que Lancelot Maloisel fit aux Canaries, avec une flotte de guerre, un âge d'homme avant Pétrarque (1). Tous les cosmographes des XIV° et XV° siècles ont connu les voyages de Lancelot Maloisel, et donné son nom à l'une des Canaries (2). La tradition attribue à ce navigateur la construction du vieux château de l'île Lancelote dont les compagnons de Béthencourt firent un magasin (3).

Un château assez solidement construit pour servir de magasin environ cent vingt-sept ans après sa fondation n'indique pas une descente fortuite, une simple apparition, mais un séjour prolongé, une idée de conquête ou de colonisation. D'autres marins suivirent Lancelot, tout au moins pour porter des vivres à ses ouvriers. En 1292, Thedisio Doria armait, pour les côtes de Barbarie, une galère du nom de *Allegrancia*. Est-ce par hasard qu'un navire génois du XIII° siècle portait le nom d'une île voisine de Lancelote? En rappelant l'heureuse découverte, par M. le commandeur Canale, des pièces qui constatent authentiquement l'existence de la galère *Allegrancia*, M. le chevalier Desimoni émet l'avis qu'on doit placer aux environs de l'an 1300 le voyage de Lancelot Maloisel. Ce marin, dit-il, pouvait être le père tout aussi bien que le grand-père du Lanzarotto Maloxello qui vivait à Gênes en 1330; il ajoute que Pétrarque faisait partir de l'époque où il écrivait la période qu'il indique par les mots *Patrum memoriâ* (4).

Nous pensons, au contraire, avec M. d'Avezac et M. Codine, que le poète a voulu désigner la génération qui précéda la sienne. De 1304, année de sa naissance, nous déduisons donc un âge d'homme, et nous fixons aux environs de l'an 1275 la date de l'expédition.

Les Maloisel sont d'origine française (5), mais, en 1275, ils étaient depuis longtemps citoyens de la république de Gênes (6) : c'est conséquemment avec justice que, sur toutes les anciennes cartes, Lancelote porte pavillon génois.

(1) Prætereo Fortunatas insulas... cujus pervetusta fama est et recens; eò siquidem patrum memoriâ Januensium armata classis penetravit. (F. PETRARCHÆ *de vitâ solitariâ*; Basilea, 1581, lib. II, sect. VI, cap. III, p. 277.)

(2) Nous citerons notamment l'atlas catalan de 1375, la carte de Mecia de Viladeste, de 1413, et celle d'Andreas Benincassa, de 1476, sur lesquelles on lit : *Insula Lanzaroto* et *Meloxelo*, *Insula de Lanzarot* et *Meloyele*, y *Lancilotto* et *Marogello*, toutes formes qui traduisent incontestablement le français *Lancelot Maloisel*.

(3) *Le Canarien, livre de la conquête et conversion des Canaries* (1402-1422), par Jean de Béthencourt. Edit. Gabriel Gravier, pour la SOCIETE DE L'HISTOIRE DE NORMANDIE; Rouen, 1874, p. 50.

(4) M. DESIMONI, *Società ligure di storia patria. — Sezione di archeologia. — Tornate del 14 marzo e 11 april 1874, apud. Giornale Ligustico*, pp. 9-14 du tirage à part.

(5) « Li Marrucelli, nobili e antichi cittadini genovesi hanno origine di Francia ». (*Nobiliaires génois* cités par M. d'AVEZAC.)

(6) « Aggiungo che la famiglia Marocello è tra le più nobili ed antiche di Genova; il cognome si mostra già nel 1099; la fregiano undici consolati tra il 1114 e il 1240, un Podestà de' Comuni di Lucca e Bologna, due Vescovi, la consignoria di Varazze e d'altri feudi, ambasciate ed uffizi pubblici ; le case del loro Albergo davano il nome ad una strada nel Quartiere o Compagna di San Lorenzo ». (M. DESIMONI, *op. cit.*, pp. 10, 11). V. aussi M. D'AVEZAC, *Notice des découvertes faites au moyen âge dans l'océan Atlantique antérieurement aux grandes navigations portugaises du quinzième siecle*; Paris, Fain et Thunot, 1845, pp. 51, 52, pour la noblesse et l'antiquité de la famille Maloisel.

II

Un peu plus tard, en 1291, prend place l'expédition des frères Vivaldi. Ces intrépides marins voulaient aller à l'Inde par l'occident, c'est-à-dire en contournant l'Afrique (1).

« En l'an mille deux cent quatre-vingt-dix... », raconte Agostino Giustiniano, « Thedisio d'Oria et Ugolino de Vivaldo, avec un sien frère et plusieurs autres, tentèrent un voyage nouveau et inusité, celui de l'Inde par le ponent. Ils armèrent deux navires bien équipés, prirent avec eux deux frères de Saint-François, sortirent par le détroit de Gibraltar et naviguèrent vers l'Inde. On n'a jamais eu d'eux aucunes nouvelles. Cecco d'Ascoli raconte cette expédition dans son *Commentaire sur la Sphère* (2) ».

Petro d'Abano, qui mourut vers 1320 (3), parle d'une expédition génoise qui aurait eu pour but l'ouverture d'une route océanique à la cité d'Arym. Arym était supposée située sous l'équateur, dans l'Inde orientale, et l'on ne pouvait y aller par voie de terre, tant à cause des montagnes qui retenaient les hommes que des affreux déserts de l'Égypte et de la Syrie. Mais les marins, dont d'ailleurs il ne dit pas les noms, étaient partis depuis trente ans et l'on ne savait ce qu'ils étaient devenus (4).

---

(1) M. le vicomte de Santarem a trouvé singulier que les Vivaldi aient commencé à mettre la proue à l'occident quand ils avaient l'orient pour but de leur voyage. M. Desimoni a répondu avec raison qu'au moyen âge le canal de Suez n'existait pas; qu'on ne pouvait aller de Gênes à l'Inde que par le détroit de Gibraltar, et qu'il fallait absolument, quand on partait des côtes d'Italie, naviguer d'abord à l'occident.
(SANTAREM, *Recherches sur la priorité de la découverte des pays situés sur la côte occidentale d'Afrique, au-delà du cap Bojador, et sur les progrès de la science géographique, après les navigations des Portugais au XVe siècle;* Paris, 1842, pp. 249-250. — M. DESIMONI, *op. cit.*, p. 12).

(2) AGOSTINO GIUSTINIANO, *Castigatissimi Annali della Republica di Genova.* Genova, Bellono, 1537, lib. III, p 111, verso. — M. D'AVEZAC, *Notice des découvertes*, p. 24. — M. J. CODINE, compte rendu de *The Life of prince Henry of Portugal*, by Richard-Henry Major (*Bulletin de la Société de Géographie*, année 1873, pp. 16, 17 du tirage à part).
En ce qui concerne le témoignage de Cecco d'Ascoli, M. d'Avezac s'exprime ainsi : « Ni moi-même autrefois, ni M. Pertz aujourd'hui, n'avons su retrouver dans ce livre le passage allégué par l'historien génois. On peut supposer que cela tient à des lacunes dans le texte imprimé, et garder l'espoir de découvrir un jour des manuscrits plus complets; on peut soupçonner aussi que Giustiniano aurait, par inadvertance, cité le *Commentaire sur la Sphere* au lieu de quelque autre écrit du même auteur, non l'*Acerba* qui ne contient non plus aucune allusion à la navigation aventureuse des Génois, mais peut-être l'*Historia de insulis in Oceano et Mediterraneo sitis*, dont le catalogue de Jean Lami signale l'existence en manuscrit dans la bibliothèque Ricardienne de Florence ». (*L'Expédition genoise des freres Vivaldi a la découverte de la route maritime des Indes orientales au XIIIe siecle*, lettre à M. V. A. Malte-Brun publiée dans les *Nouvelles Annales des voyages*, cahier de septembre 1859, pp. 7, 8, du tirage à part.

(3) FACCIOLATI, *Fasti Gymnasii Patavini*, p. 15, cité dans la *Nouvelle Biographie générale*, du docteur Hœfer, verbo *Abano*.

(4) PETRO D'ABANO, *Conciliator differentiarum philosophorum et præcipue medicorum* Patavini, 1472, 67ᵃ differentia, fol. 102. — M. D'AVEZAC, *Notice des découvertes*, p. 22. — M. CODINE, *op. cit.*, p. 16. Santarem, *op. cit.*, pp. 244, 45, cite le passage d'Abano et infère du vague des renseignements que l'expédition n'eut pas lieu. Nous pensons que, pour avoir eu des renseignements incomplets, Petro d'Abano n'en donnait pas moins un fait qu'il considérait comme certain.

C'est en 1303 et 1304 qu'Abano rédigea le *Conciliator*. Une expédition antérieure de trente ans, dont on n'aurait pas eu de nouvelles, ne pourrait être ni celle des Vivaldi, ni celle de Lancelot Maloisel, car la première est certainement partie en 1291, et le sort de la seconde n'a jamais été douteux. S'agirait-il d'une expédition qui nous serait encore absolument inconnue?

M. d'Avezac suppose, avec raison, comme beaucoup plus probable, une faute de lecture ou de copie dans l'annotation : *Quid autem de istis contigerit jam spatio ferè trigesimo ignoratur anno*, dans laquelle on devrait substituer *tredecimo* (treize) à *trigesimo* (trente), ce qui donnerait exactement 1291, date du départ des Vivaldi (1).

Uberti Folieta donne à l'expédition des Vivaldi la date de 1291. Il ajoute que Thedisio Auria et Ugolino Vivaldo armèrent *privatis consiliis... duabus triremibus privatim comparatis et instructis* (2), c'est-à-dire que, de leur propre mouvement, ces marins ont acquis et armé à leurs frais deux trirèmes. Ce détail est important parce qu'il établit une distinction nette et précise entre l'expédition des Vivaldi et celle de Lancelot Maloisel.

Là s'arrêtait, encore au commencement du xix° siècle, ce que l'on savait de cette audacieuse entreprise. En 1842, M. le vicomte de Santarem niait formellement qu'elle ait eu lieu, bien que l'on connût depuis longtemps un manuscrit de l'*Itinerarium Antonii Ususmaris*. Jacopo Doria, contemporain et parent de Thedisio, a fait, disait-il, l'histoire de Gênes de 1280 à 1293 et l'a lue, en 1294, devant le podestat, les anciens et le peuple. Il y « raconte longuement les exploits de son parent au service de la République, sur la Méditerranée, en 1292... et il ne fait aucune mention du prétendu voyage du même marin au-delà du détroit de Gibraltar; conséquemment ce voyage n'eut pas lieu (3) ».

On conviendra tout d'abord que le récit de l'entreprise commerciale des Vivaldi ne devait pas nécessairement trouver place dans une histoire politique et militaire de Gênes; que le silence de Jacopo Doria ne prouverait absolument rien. Mais peu après que le savant portugais eut formulé sa conclusion, M. le commandeur Canale découvrit le récit de Doria dans les exemplaires manuscrits des *Annales génoises* de Caffaro et de ses continuateurs (4).

Ce récit, qui tranche la question, confirme ceux des annalistes Giustiniano,

---

(1) M. D'AVEZAC, *l'Expédition génoise des frères Vivaldi*, p. 17.
(2) UBERTI FOLIETÆ *Historiæ Genuensium libri XII ab origine gentis ad annum* 1528. Genuæ, Bartoli, 1588, p. 110, verso.
(3) SANTAREM, *op. cit.*, p. 243. M. de Santarem dit au même endroit : « Un autre écrivain contemporain, Jacopo de Voragine, auteur de la chronique de Gênes et archevêque de cette ville en 1292, dans le manuscrit complet de ladite chronique, dont Muratori cite quelques passages, ne fait aucune mention de l'expédition dont il s'agit, d'après ce que nous assure notre confrère M. de Macedo ».
(4) Le 28 mars 1859, M. Pertz, bibliothécaire à Berlin, disait dans un mémoire présenté à l'Académie royale des sciences de Munich, qu'il était l'inventeur de ce document. Il ne devait pas ignorer cependant, que M. Canale l'avait publié depuis 1849, c'est-à-dire depuis dix ans, dans le 4° volume de sa *Storia civile, commerciale e litteraria de' Genovesi*.

Abano et Folieta, en même temps qu'il révèle des détails importants et curieux. « En l'année 1291 », y lit-on, « Thedisio Auria et Ugolino de Vivaldo avec un de ses frères et plusieurs autres citoyens de Gênes entreprirent certain voyage que jusqu'alors personne n'avait osé tenter. Ils armèrent à cet effet deux galéaces, les chargèrent de vivres, d'eau et autres choses nécessaires, et les envoyèrent au mois de mai, par le détroit de Septa et la mer Océane, aux contrées de l'Inde, pour en rapporter des marchandises avantageuses. Les deux frères Vivaldi se trouvaient dans ces galéaces, ainsi que deux frères mineurs : cela parut admirable à ceux qui le virent et à ceux mêmes qui en entendirent parler. Depuis qu'ils ont passé le lieu appelé Gozora, nous n'avons pas eu d'eux de nouvelles certaines. Que Dieu les garde et les ramène saufs dans leur patrie (1) ! »

Deux points sont particulièrement à noter dans le récit de Jacopo Doria : les Vivaldi partirent sans Thesidio Doria, et, jusqu'à la province de Gozora, on eut des nouvelles de l'expédition. Jacopo avait déjà dit, dans son histoire, qu'en l'an 1292 Thedisio naviguait sur la Méditerranée. Des actes authentiques signalés par MM. Belgrano et Canale (2), ainsi que l'armement de la galère *Allegrancia*, établissent qu'en la même année ce marin vint à Gênes. Il est dès lors évident que Giustiniano et Folieta le supposent parti avec les Vivaldi parce qu'il était homme de mer et qu'il avait contribué à l'armement des navires. Ce qui confirme cette hypothèse, c'est le silence absolu que les annalistes gardent sur son retour de l'Océan. Quant aux nouvelles reçues des côtes de la Gozora, elles ne purent être apportées que par des marins génois, tout au moins par des marins de la Méditerranée. De ce qu'elles sont indiquées sans commentaires, on en conclura, ce semble, qu'on ne les put tenir de l'un des navires de l'expédition, et qu'une rencontre sur les côtes de la Gozora n'avait rien d'extraordinaire, ce qui revient à dire que les marins italiens fréquentaient habituellement ces parages (3). La Gozora doit être confondue avec la Gazule, Gozola ou Guzzula.

D'après la carte catalane de 1375, la Gozola confine au versant méridional de l'Atlas et s'étend indéfiniment dans la direction du fleuve de l'Or. Le Frère Mendiant, dont les chroniqueurs de Béthencourt citent une partie de la relation, place dans la Gazule la ville de Mogador et les derniers gradins des monts de Claire (Atlas) (4). Ibn-Khaldoun (cité par M. Codine) et Léon l'Africain (5)

---

(1) M. CANALE, *Storia civile, commerciale e litteraria de' Genovesi*, tom. IV, pp. 478-486. — *Nouvelles Annales des voyages*, ann. 1859, tom. III, p. 286. — M. CODINE, *op. cit.*, pp. 19, 20.

(2) M. DESIMONI, *op. cit.*, p. 11.

(3) Viera y Clavijo, parlant de l'expédition de Vivaldi, admet, d'après Papiro Masson, que les Génois furent les premiers découvreurs des Canaries. Il ajoute d'ailleurs que, vers cette époque, *por este tiempo*, les Castillans, les Français, les Portugais, les Aragonais, les Catalans et les Majorquins, stimulés sans doute par l'exemple des Génois, firent à ces îles plusieurs voyages. (*Noticias de la historia general de las islas Canarias*; Santa Cruz de Tenerife, 1858, tom. I, pp. 211-215). Par *este tiempo* on doit entendre, à notre avis, la période qui finit au temps de Louis de la Cerda.

(4) *Le Canarien*, p. 89.

(5) *Della descrittione dell'Africa et delle cose notabili che quivi sono, per Giovan Lioni Africano, seconda parte.* (RAMUSIO, *Navigationi et viaggi*. Venetia, 1563, tom. I, fol. 19, verso.)

étendent cette province jusqu'à la limite septentrionale du désert. La Gazule atteignait donc les environs du cap de Noun; les Vivaldi furent donc rencontrés, en 1291, par des marins italiens, et sans que cela parût extraordinaire, sur le parallèle des Canaries.

On ignorait le sort des deux galères, on les avait même complétement oubliées quand, en 1455, Antoniotto Usodimare en apporta des nouvelles.

« L'an du Seigneur 1290, est-il dit dans la 90ᵉ légende recueillie par Pareto, partirent de Gênes deux galéaces commandées par les frères D. Vadino et Guido de Vivaldi, qui voulaient aller au levant, dans les contrées de l'Inde ; ces deux galéaces naviguèrent beaucoup ; mais quand elles furent dans la mer de Guinée, l'une d'elles s'enfonça tellement dans les bas-fonds qu'elle ne put avancer ni reculer ; l'autre navigua et parcourut cette mer jusqu'à ce qu'ils vinssent à une ville d'Éthiopie du nom de Mena, où ils furent pris et détenus par ceux de cette ville qui sont chrétiens d'Éthiopie soumis au Prêtre Jean. Cette même ville est sur le littoral, auprès du fleuve Gion. Ils furent si bien gardés qu'aucun d'eux ne revint de ces pays. » Voilà, continue la légende, « ce que racontait ledit Antoniotto Usodimare, noble génois » (1).

Dans la lettre qu'il écrivit à ses frères et à ses créanciers, le 12 décembre 1455, Usodimare nous donne enfin le dernier mot de l'expédition. « De l'endroit où j'étais, dit-il, aux frontières du royaume du Prêtre Jean, on ne compte pas trois cents lieues, et si j'eusse pu m'arrêter, j'aurais vu le capitaine du roi de Meli, qui était à six journées de nous avec cent hommes (*cum hominibus C*) et cinq chrétiens du Prêtre Jean (*et cum eo Christiani de presbiteri Johannis V*) ; je me suis entretenu avec ceux de sa troupe. Là même j'ai vu un homme de notre nation qui descend, je crois, des compagnons des Vivaldi qui se perdirent il y a 170 ans. Il me dit, et ainsi me l'affirma le secrétaire, qu'il ne restait, sauf lui, personne de sa race (2). »

On a vu que le lieu de captivité des Génois fut Mena, ville d'Éthiopie soumise au Prêtre Jean et située sur le littoral, près du fleuve Gion. Or, d'après Cadamosto, compagnon de route d'Usodimare, le Gion est le Sénégal, que les anciens appelaient Niger et que les savants regardaient comme une branche du Nil d'Égypte (3). Nous connaissons ainsi le point précis où se perdit l'expédition génoise. Si maintenant, suivant l'exemple de M. d'Avezac, l'illustre écrivain dont nous invoquons souvent l'autorité (4), on réunit en

---

(1) *Itinerarium Antonii Ususmaris civis Januensis*, 90ᵉ légende. Le manuscrit connu sous ce titre contient trois pièces : l'*Itinerarium*, recueil de 92 légendes fait de 1398 à 1405 et utilisé par Barthelemi Pareto dans la carte qu'il exécuta en 1456 ; la lettre en latin barbare écrite, le 12 décembre 1455, par Usodimare à ses frères et à ses créanciers ; une copie de l'*Imago mundi* d'Honoré d'Autun. La lettre seule est d'Usodimare. (GRÄBERG DE HEMSÖ, *Annali di Geographia e di Statistica*, tom II, pp. 290, 291. — M. D'AVEZAC, *Notice des découvertes*, p. 25 ; *Bulletin de la Société de Géographie*, 1817, tom. II, p. 424 ; 1858, tom. I, pp. 115, 116 ; *Annales des voyages*, octobre 1845, p. 45 ; sept. 1858, pp. 371, 372. — *L'Expédition génoise des frères Vivaldi*, pp. 10-12. — M. CODINE, *op. cit.*, p. 18. — J'ai traduit sur le texte arrêté par M. d'Avezac d'après le manuscrit de Turin.

(2) Voir la note précédente.

(3) *Delle navigationi di messer Alvise Da ca da Mosto*, in RAMUSIO, *Delle navigationi et viaggi*; Venetia, 1563, tom. I, fol. 101 recto.

(4) M. D'AVEZAC, *l'Expédition génoise des frères Vivaldi*, pp. 18, 19.

faisceau les indications éparses dans les annalistes, on pourra faire de cette audacieuse entreprise le récit suivant :

« En 1291, Thedisio Doria, Ugolino de Vivaldo avec Guido son frère et plusieurs autres citoyens de Gênes, résolurent une expédition que nul jusqu'alors n'avait osé tenter, celle de frayer par l'occident une route maritime à la cité d'Arym, située sous l'équateur, dans l'Inde orientale, encore inconnue au monde, et d'en rapporter de riches cargaisons. Ils armèrent dans ce but, à leurs frais, deux galères bien équipées et bien pourvues de vivres, d'eau et autres choses nécessaires. Les frères Vivaldi et deux Franciscains s'embarquèrent et partirent au mois de mai.

» Cette entreprise émerveilla ceux qui en furent témoins et même ceux qui en entendirent parler.

» Après avoir passé le détroit de Septa, ils naviguèrent sur l'Océan jusqu'à la Gozola, d'où l'on eut encore de leurs nouvelles. Arrivés dans la mer de Guinée, l'une des galères s'échoua sur un bas-fond, de telle sorte qu'elle ne put avancer ni reculer. L'autre continua sa route jusqu'à Mena, ville de la côte de Nigritie, à peu de distance du fleuve Sénégal que les savants appelaient Gion et regardaient comme une branche du Nil d'Égypte. Mena était une cité chrétienne soumise au Prêtre Jean. Les Génois y furent retenus prisonniers et ne revirent jamais leur patrie; longtemps on ignora ce qu'ils étaient devenus.

» Cependant leur race s'était perpétuée dans cette terre lointaine. En 1485, cent soixante-quatre ans après leur départ des côtes liguriennes, Antoniotto Usodimare, noble génois, venu pour trafiquer sur le Sénégal, vit le dernier de leurs descendants. »

Les pièces que nous avons citées n'ont pas porté la conviction dans l'esprit de M. de Santarem. Le savant portugais se fait même une arme de trois vers du *Purgatoire* dans lesquels le Dante dit qu'en s'élevant à main droite, il vit briller à l'autre pôle quatre étoiles que les premiers hommes n'avaient jamais vues (1). Le Dante désigne ainsi la *Croix du Sud*, cette belle constellation qui, plus tard, fit l'admiration d'Amerigo Vespucci. D'après M. de Santarem, l'Homère italien tenait ce renseignement des Arabes, dont il cite Averroës et Avicenne. Les Italiens, dit-il, fréquentaient l'Égypte, et du cap Comorin, situé à la pointe méridionale de l'Indoustan, par 7° 56' de latitude nord, on voit la Croix du Sud à 20° d'élévation à son passage au méridien; cette constellation est marquée sur le globe céleste dressé en 1225 (622 de l'hégire) par Caïssar Ben Aboucassan (2).

C'est aller chercher bien loin, ce semble, quelque chose que le poëte avait sous la main. De 1292, au moins, à 1315, le Dante prit aux affaires de Flo-

---

(1)   I mi vols a man destra e posimonte
        A l'altro polo e vidi quatro stelle
        Non viste mai fuor ch' à la prima gente.
                    (*Purgatorio*, cant. I.)

(2) SANTAREM, *Essai sur l'histoire de la Cosmographie et de la Cartographie pendant le moyen âge, et sur les progrès de la Géographie après les grandes découvertes du XV⁰ siècle*, etc. Paris, Imp. Maulde et Renou, 1849, pp. 104, 105.

rence une part très-active comme soldat, comme poëte et comme magistrat. En 1292, il était déjà célèbre, puisque dans la fresque peinte par Giotto au palais du *Comune* de Florence, il est représenté grave et plein de jeunesse au-dessous de Clément IV, entre Brunetto Latini, son maître, et Corso Donati, son parent par alliance. Il avait alors pour ami toutes les célébrités scientifiques de l'Italie et notamment Cecco d'Ascoli, le célèbre encyclopédiste, qui fût brûlé, en 1327, comme hérétique et sorcier. Cecco d'Ascoli, comme on l'a vu ci-dessus, connaissait la navigation des Vivaldi; ne pouvait-il pas connaître aussi, par les marins qui lui en firent le récit, la constellation de la Croix du Sud? La connaissant, ne devait-il pas en parler à son ami Dante?

Nous ne pouvons rien affirmer. Mais quand nous voyons les Génois affronter l'Atlantique juste au moment où le Dante, à l'apogée de la vie, était dans l'intimité de tous les savants italiens, nous sommes porté à croire que ce n'est pas à Ben Aboucassan qu'il demanda ses renseignements sur la Croix du Sud; nous pensons même que ses vers confirment les récits des annalistes de l'expédition génoise.

III

Beaucoup d'autres marins suivirent les traces des Vivaldi; mais sauf les Normands, dont nous parlerons plus tard, ils n'ont pas laissé plus de traces dans l'histoire que le sillage de leurs navires sur la face de l'Océan.

Cependant, pour parler le langage d'une relation sauvée par Boccace, l'an de l'incarnation du Verbe 1341, le premier jour de juillet, Alphonse IV, roi de Portugal, fit partir de Lisbonne trois navires : deux grands, montés par des Florentins, des Génois, des Espagnols de Castille « et autres Espagnols »; un petit, chargé de chevaux, d'armes et de machines de guerre. Un Florentin, Angiolino del Tegghia de Corbizzi, commandait l'expédition, qui avait pour but la connaissance, sinon la conquête de « Canaria et autres îles récemment retrouvées au-delà de l'Espagne, dans l'Océan ». Angiolino parvint en cinq jours à ces îles, c'est-à-dire aux Fortunées, comme M. Sabin Berthelot l'a démontré dans son *Histoire naturelle des Canaries* (1). Angiolino a vu tout l'archipel canarien, en a rapporté quatre hommes, des animaux et diverses productions. D'après le récit fait à Boccace par Niccoloso de Recco, l'un des pilotes de l'expédition, ces hommes étaient bien faits, agiles, affectueux, se traitaient réciproquement avec déférence, étaient plus civilisés que ne le sont beaucoup d'Espagnols (*et satis domestici, ultrà quàm sint multi ex Hispanis*) (2).

Pour répondre à une observation de Reinaud, le savant traducteur de la géographie d'Aboulféda, nous ferons observer que pas un seul mot de la relation de Boccace ne permet de supposer la vente de ces hommes sur les

---

(1) BARKER-WEBB et SABIN BERTHELOT, *Histoire naturelle des Canaries;* Paris, Béthune, 1842. tom. I, part. I, pp. 29 et seq.

(2) *De Canaria et de insulis reliquis ultrà Hispaniam in Oceano noviter repertis*, dans les *Monumenti d'un manuscritto autografo di messer Gio. Boccacci da Certaldo trovati ed illustrati* da SEBASTIANO CIAMPI. Firenze, 1827, pp. 53 et seq.

côtes du Magreb-al-aqçā. Dans la lettre qu'il écrivit à Clément VI, le 12 février 1345, Alphonse IV dit expressément, au contraire, que les hommes, les animaux, les marchandises, enlevés par force aux Canariens, furent apportés en Portugal (1).

La rapidité du voyage à l'aller prouve qu'Angiolino naviguait sur un point connu, tout au moins signalé.

En indiquant la nationalité des équipages, nous nous sommes servi des mots « et autres Espagnols » qui sont la traduction de l'*et aliorum Hispanorum* de la relation. M. Major infère de ce passage et du lieu d'armement que l'honneur de l'expédition revient aux Portugais (2). Il semble qu'un contingent sérieux de matelots et d'officiers portugais serait désigné d'une manière plus précise que par les mots *et aliorum Hispanorum* qui, peut-être, s'appliquent moins aux Portugais qu'aux Aragonais et aux Catalans.

A cette époque, rien ne faisait prévoir la gloire maritime des Portugais. Soixante-dix-sept ans plus tard, en 1418, quand Joam Gonzalves Zarco et Tristam Vaz Teixeyra découvrirent, par fortune de mer, l'île de Porto-Santo, les Lusiades, dit João de Barros, n'étaient point encore *accoutumés à voguer ainsi en pleine mer, toute leur science nautique se bornant à un cabotage toujours en vue des terres* (3). En vertu d'un traité conclu en 1317, entre le roi Denis le Libéral et le Génois Emanuele Pessagno, un amiral (le seul qui pût être en Portugal) et vingt officiers génois commandaient les galères royales. Ce traité ne cessa d'avoir son effet que dans la seconde moitié du XV° siècle (4). « Quelle autre cause, dit avec raison M. le chevalier Desimoni, put amener le roi à consentir un pareil traité, si ce ne sont les fréquentes visites des voiles liguriennes dans les eaux de l'occident, la renommée de puissance et d'habileté nautiques des marins génois, l'infériorité ou plutôt la nullité de la marine nationale (5)? »

Je rappellerai enfin que, sur la carte des Pizzigani de 1367, plusieurs navires qui parcourent l'Océan, même les environs de Lancelote et de Fortaventure, portent pavillon génois, vénitien ou catalan; que sur la carte catalane de 1375 et sur celle de Mecia de Viladestes, de 1413, Lancelote porte aussi pavillon génois.

Que doit-on conclure de cela? que les marins portugais n'ont pas fait et ne pouvaient pas faire l'expédition de 1344 dont, par conséquent, l'honneur revient à la science nautique des Italiens.

---

(1) *Annales ecclesiastici ab anno quo desinit card. Cœs. Baronius M. C. XCVIII usque ad annum M. D. XXXIV.* etc., auctore ODORICO RAYNALDO, Coloniæ Agrippinæ, 1694; ann. 1344, n° 48, tom. XVI, p. 212, col. 1.

(2) M. MAJOR, *The Canarian, or book of the conquest and conversion of the Canarians in the year 1402, by messire Jean de Bethencourt,* K^t etc. London, printed for the Hakluyt Society, 1872, pp. XIII, XIV.

(3) JOÃO DE BARROS, *Decada primeira da Asia*; Lisboa, 1628; liv. I, cap. I, tom. I, fol. 6 verso. — M. D'AVEZAC, *op. cit.*, p. 7.

(4) M. D'AVEZAC, *op. cit.*, pp. 28, 29.

(5) M. DESIMONI, *op. cit.*, p. 8.

IV

Néanmoins, le roi Alphonse IV s'en fit un titre quand le pape Clément VI le pria de faciliter à Louis de la Cerda la conquête des Canaries. « Considérant, dit-il au saint-père, dans sa lettre du 12 février 1345, « que ces îles nous sont plus voisines qu'à aucun autre prince et qu'elles peuvent être subjuguées par nous plus convenablement, nous y avons appliqué les yeux de notre esprit, et désirant mettre à exécution notre dessein, nous y avons envoyé, pour reconnaître la nature du pays, plusieurs de nos gens et quelques navires qui abordèrent à ces îles et prirent par force des hommes, des animaux, divers objets qu'ils apportèrent avec grande joie dans notre royaume. Au moment où nous préparions une flotte et une armée nombreuse pour faire la conquête de ces îles, notre projet fut renversé par la guerre que nous dûmes soutenir d'abord contre le roi de Castille, puis contre les Sarrasins ». Il termine en disant qu'il espère faire cette conquête, pour son propre compte, avec l'autorisation même du souverain pontife (1). Il n'eut pas à soutenir davantage ses prétentions. La guerre qui nous fut alors déclarée par la Grande-Bretagne a détourné La Cerda, temporairement d'abord, puis pour toujours, de la prise de possession de son royaume.

Les îles données par le pape sont au nombre de onze, et l'acte d'investiture les désigne sous le nom de *Canaria, Ningaria, Pluviaria, Capraria, Junonia, Embronea, Athlantia, Hesperidum, Cernent, Gorgones* et *Goleta* (2). Ce don était fait moyennant une redevance annuelle de quatre cents florins de bon et pur or, au coin et du poids de Florence (3). Si la géographie pontificale était très-incertaine, la facilité avec laquelle on disposait alors du bien d'autrui est assurément l'une des merveilles du moyen âge. A ces conditions, La Cerda fut investi de la souveraineté desdites îles, pour lui et ses successeurs, et reçut, avec le titre de prince de la Fortune, les insignes de la royauté (4).

De cet étrange marché il ne reste que le souvenir d'une grande cérémonie religieuse, d'une belle cavalcade que Pétrarque dit avoir été interrompue par la pluie (5), de l'étrange quiproquo de l'ambassadeur d'Angleterre qui, prenant les îles Fortunées pour sa patrie, s'empressa d'écrire à son souverain que le pape venait de disposer des Iles Britanniques (6) ; il en reste aussi la certitude que les marins de l'Europe avaient déjà fréquenté beaucoup les îles de l'Afrique, comme le prétend Viera y Clavijo (7).

---

(1) Oder. Raynaldus, *Annales Ecclesiastici*, ann. 1344, n° 48, tom. XVI, p. 212, col. 1.
(2) Oder. Raynald., *op. cit.*, ann. 1344, n° 30, tom. XVI, p. 209, col. 2.
(3) Oder. Reynald., *op. cit.*, ann. 1344, n° 42, tom. XVI, p. 210, col. 1.
(4) Oder. Reynald., *op. cit.*, ann. 1344, n° 30, tom. XVI, p. 209, col. 2.
(5) Petrarchæ de *Vitâ solitariâ*, lib. II, sect. VI, cap. III, p. 277.
(6) Heylin's *Cosmography*, cité par George Glas.
(7) *Noticias de la historia general de las islas Canarias*; Santa Cruz de Tenerife, 1871, tom. I, p. 245.

V

On avait d'ailleurs, à cette époque, navigué bien loin au sud des Canaries. D'après l'atlas catalan de 1375, le Majorquin Jacques Ferrer entreprit, le 10 août 1346, jour de saint Laurent, un voyage au fleuve de l'Or. Son navire est représenté voguant à quatre-vingts lieues au sud du cap *Buyetder*, droit sur l'embouchure du *riu de lor*. La légende placée sur le côté est reproduite textuellement dans la belle carte de Mecia de Viladestes. Sur cette dernière, la galère vogue entre le cap de Abach et le *riu de lor*. La 81º légende de l'*Itinerarium Antonii Ususmaris* confirme celle des cartes; elle nous apprend en même temps qu'on n'a plus entendu parler de Ferrer, et que le fleuve de l'Or ou Vedamel (comme on le nommait à Gênes au xiiiº siècle, d'après les Arabes) (1), était assez large et assez profond pour recevoir les plus grands navires du monde (2).

Ferrer a-t-il atteint son but? on l'ignore. Il est bien certain toutefois qu'il n'a pas mis à la voile pour le fleuve de l'Or sans avoir des renseignements plus ou moins exacts sur sa position. Les armateurs n'envoient pas leurs navires au hasard, et si ceux de Majorque ont fixé pour but à Ferrer le fleuve de l'Or, c'est que ce fleuve leur était bien connu.

VI

Des navigations que suppose la tentative du capitaine majorquin, une au moins nous est connue d'une manière certaine, celle du Frère Mendiant espagnol.

Au temps où la ville de Maroc était regardée comme la capitale de l'Afrique, c'est-à-dire aux environs de 1229-1230, vers la fin de la dynastie des Almohades, ce moine fit avec succès un voyage au fleuve de l'Or et dans l'intérieur de l'Afrique. Sa relation, qui serait maintenant d'un grand prix, est malheureusement perdue. On n'en connaît que les extraits donnés par les chapelains de Béthencourt dans les chapitres LVI, LVII et LVIII du *Canarien*.

M. Major, le savant conservateur du département des cartes au British Museum, nie en ces termes l'authenticité du récit du Frère Mendiant : « La possibilité pour un Européen de traverser ainsi le continent africain et d'échapper aux dangers que raconte le Frère pourrait laisser des doutes; mais le lecteur ne doit voir dans ce récit qu'un *réchauffé* de la confuse géographie d'Edrisi, et ne pas perdre de vue l'erreur du bon Frère touchant l'Euphrate, pour apprécier la crainte du narrateur et le degré de confiance qu'il convient de lui accorder (3). »

---

(1) Malte-Brun, *Géographie complète et universelle*, éd. V.-A. Malte-Brun; Paris, Penaud, s. d. tom. I, p. 263.
(2) Gråberg de Hemsö, *Annali di Geografia e di Statistica*, tóm. II, p. 290. — M. d'Avezac *Notice des découvertes*, p. 20. — M. Codine, *op. cit.*, p. 23.
(3) M. R.-H. Major, *The Life of prince Henry of Portugal surnamed the Navigateur*, etc. London, Asher, 1868, pp. 116-117. Le mot *réchauffé* est écrit par M. Major, qui se sera mépris sur le sens que nous lui attribuons.

Ce n'était certainement pas sans danger que le bon Frère pouvait parcourir la longue route dont Bontier et Le Verrier indiquent les étapes principales. Mais il convient d'observer qu'il voyageait sans intention de trafic ou de conquête, en simple curieux; qu'il ne pouvait inspirer ni crainte ni soupçon; qu'il dut souvent, comme pour le trajet de l'Atlas au fleuve de l'Or, s'engager sur les navires ou dans les caravanes qui fréquentaient habituellement les pays objet de sa curiosité; qu'il allait probablement beaucoup à l'aventure, à la grâce de Dieu, en profitant des circonstances favorables; qu'il avait dû faire le sacrifice de sa vie, ce qui augmentait son audace et ses chances de succès; qu'il put avoir le même bonheur que Marco Polo, Jean du Plan de Carpin, Guillaume de Rubruk, Mandeville et tant d'autres qui firent des voyages non moins extraordinaires.

Ce voyage n'était d'ailleurs pas impossible. Les Arabes étaient maîtres du Magreb, du Soudan, de l'Égypte, de la Nubie, d'une partie de l'Abyssinie; ils avaient des sultanats dans le Takrour jusqu'au-delà du Nil de Gana, fleuve que leurs géographes (1) considéraient comme un effluent du Nil d'Égypte et identifiaient avec le Sénégal (2). Sur la côte orientale de l'Afrique, leurs relations s'étendaient jusqu'à l'île de Madagascar et à Sofala, par 20° 10′ 42″ de latitude méridionale. A l'ouest, ils limitaient leurs navigations à la montagne Luisante (Adjebel-Allamà), que M. Major croit être le cap Blanc (3). Ibn-Fathima trouva près de ce cap, après un naufrage, un homme qui parlait arabe et berber (4). Les Arabes connaissaient le Rio do Ouro et le signalèrent aux Génois sous le nom de Vedamel (5). Ces indices prouvent suffisamment qu'ils dépassaient parfois de beaucoup le cap Bojador. Si les géographes arabes qui nous restent disent souvent le contraire, c'est que leurs marins, comme plus tard les marins normands, se gardaient bien de donner des renseignements précis sur les découvertes que leur faisaient faire l'amour du gain, une invincible audace et une grande habileté nautique.

D'autres faits confirment encore cette appréciation. Ibn-Sayd et le scheryf El-Edrisi mentionnent une île d'Oulyl dont les habitants faisaient avec les nègres de l'intérieur un grand commerce de sel. Ils en signalent une seconde qui devait son nom aux tortues dont vivaient et trafiquaient les insulaires (6). M. Major (7) identifie l'île d'Oulyl avec l'une des Bissagos, ce qui nous porte à l'embouchure du Rio Grande, bien au sud du cap Vert. M. Codine partage à cet égard l'avis du savant anglais (8).

---

(1) Notamment Aboul-Hassan Ali ibn Iunis (carte de 1008), Aboul-Hassan Ali ben Omar (carte de 1230), Ibn Saïd Magrebinus (carte de 1274). V. JOACHIM LELEWEL, *Géographie du moyen âge*, Bruxelles, 1850 (atlas). DIMISHQUI (*Manuel de la cosmographie du moyen âge*, par M. Mehren, Copenhague, 1871), p. 106.
(2) MALTE-BRUN, *op. cit.*, tom. I, pp. 261-263. — *Géographie d'Aboulféda*, trad. J. Reynaud, Paris, Imp. nat., 1848, tom II, p. 220.
(3) M. H. MAJOR, *op. cit.*, p. 48.
(4) *Géographie d'Aboulféda*, tom. I, pp. CXLI, CXLII: tom. II, p. 215.
(5) M. CODINE établit, *op. cit.*, pp. 5-7, que le Sénégal correspond au Vedamel ou Rio do Ouro.
(6) *Géographie d'Aboulféda*, tom. II, pp. 212, 213, 217.
(7) M. MAJOR, *op. cit.*, p. 50.
(8) M. CODINE, *op. cit.*, pp. 43, 44.

La ville de Gana qu'El-Bekri (1) et Cooley (2) supposent près de Timbouctou, qu'Aboul-Hassan Ali Ibn Iunis, Aboul-Hassan Ali ben Omar, Ibn Saïd Magrebinus placent aux environs du 10e parallèle, était une grande ville du pays des Nègres, sur le Nil de Gana; un sultan y faisait sa résidence. Les marchands magrebins apportaient à Gana, par une marche de cinquante journées à travers le désert et d'affreuses solitudes, des figues et de l'airain ainsi que des coquillages des environs de Ceuta et des pierres de sel gemme de Taghâza qui servaient de monnaie dans cette partie de l'Afrique (3). Gana formait deux belles et grandes villes habitées : l'une par les musulmans, l'autre par les infidèles. Au xie siècle, la première de ces villes n'avait pas moins de douze mosquées (4).

Djymy, capitale des Kanems, nom qu'on retrouve encore sur le lac Tchad, était la résidence d'un sultan célèbre par son zèle à faire la guerre aux infidèles (5). Sur le Nil d'Égypte, à quarante milles de Djymy, il y avait Ney, ville arabe entourée de jardins et de maisons de plaisance (6).

Sous le 20° degré de latitude nord, à cinq ou six degrés de l'Océan, se trouvait Hisn-Almalh (château du sel) où les caravanes venaient se charger de sel pour le pays des Nègres (7).

Il y avait enfin Mâlli ou Melli, que M. Vivien de Saint-Martin place à peu près par 10° 45′ de latitude nord et 8° de longitude ouest, qui était très-fréquentée par les musulmans. Sa population était affable, loyale, pieuse, bien administrée; ses chemins étaient sûrs, son sol riche, son commerce fructueux. Ibn Batoutah s'y rendit de Maroc en 1342, à travers le désert et des cités soumises à l'islamisme. A Segelmessa il fut reçu par un jurisconsulte dont il avait vu le frère en Chine, à Kandjenfou. Ce long voyage fut pénible, mais on voit par le récit qu'il était familier et seulement parfois contrarié par des Arabes errants.

Le royaume de Mâlli avait sur l'une de ses frontières, il est vrai, une tribu de nègres anthropophages; mais les blancs y séjournaient impunément, parcé que leur chair ne semblait pas mûre et passait pour nuisible (8).

En résumé, il serait facile de démontrer que les Arabes étendaient leur commerce et leurs croyances depuis l'embouchure du Sénégal (Vedamel ou Rio do Ouro) jusqu'à l'Abyssinie, à la Nubie, à l'Égypte; qu'il n'y avait de dangereux pour le voyageur qu'une partie de la contrée située entre le lac Tchad et la Nubie, contrée dans laquelle M. Nachtigal, le vaillant explo-

---

(1) EL-BEKRI, *Description de l'Afrique septentrionale*, traduct. de M. Mac Guckin de Slane; Paris, Impr. impér., 1859, p. 361.

(2) COOLEY, *The Negroland of the Arabs examined and explained; or an inquiry into the early history and geography of central Africa*; London, 1841, p. 44.

(3) *Géographie d'Aboulféda*, tom. II, pp. 214, 220, 221. — *Géographie d'Edrisi*, trad. A. Jaubert; Paris, 1836-40, tom. II. p. 6. — *Voyages d'Ibn Batoutah*, trad. Defremery et Sanguinetti; Paris, Imp. impér., 1858, tom. IV, p. 377.

(4) IBN SAYD, cité par Aboulféda, tom. II, p. 221. — EL BEKRI, p. 381 et seq.

(5) IBN SAYD, *loc. cit.*, tom. II, pp. 223-224. — Ibn Sayd place Djymy par 9° 3′ de lat. nord.

(6) *Géographie d'Aboulféda*, tom. II, p. 224.

(7) *Géographie d'Aboulféda*, tom. II, p. 217.

(8) *Voyages d'Ibn Batoutah*, tom. IV, pp. 376-449.

rateur couronné par la Société de géographie, a vu la tribu des Tibbous, hommes réputés à bon droit comme voleurs, assassins et traîtres, comme n'ayant ni foi ni respect (1).

De ce que le Frère Mendiant voyageait avec les Arabes et que les Arabes fréquentaient les pays qu'il dit avoir parcourus, on admettra tout au moins que ce voyage n'avait rien d'impossible. Un passage de la relation du Frère pèse beaucoup sur l'opinion de M. Major, c'est celui relatif à l'Euphrate, fleuve africain que le Frère identifie avec celui du même nom qui traverse le paradis terrestre. Ce passage n'a cependant rien d'étrange. Les anciens croyaient à l'existence de courants souterrains qui reliaient des fleuves séparés par des bras de mer. Ainsi, d'après Sénèque, l'Alphée traversait la mer d'Achaïe et portait ses eaux en Sicile, à la belle fontaine Aréthuse (2).

Philostorge, auteur du ve siècle, dit dans les fragments de son histoire ecclésiastique conservés par Photius, que le Gion ou Nil prenait sa source dans le paradis terrestre, à l'extrémité orientale du monde, passait sous la mer Rouge et reparaissait au mont de la Lune, dans le sud de l'Afrique (3). Beaucoup d'anciennes cartes, notamment celles de Cosmas Indicopleustès et de Richard de Haldingham placent le paradis terrestre à l'extrême Orient, dans une mer inaccessible, ce qui n'empêche pas les quatre fleuves bibliques d'arroser l'Asie et l'Afrique.

Cadamosto, marin du xve siècle, dit du *Rio de Senega* : « Ce fleuve, selon les savants, est une branche du fleuve Gion, qui vient du paradis terrestre ; cette branche, appelée par les anciens Niger, baigne toute l'Éthiopie et se jette dans l'Océan par deux embouchures ; une autre branche du Gion est le Nil, qui passe par l'Égypte et se jette dans notre Méditerranée : telle est l'opinion de ceux qui ont parcouru le monde (4) ».

Près d'un demi-siècle après, Christophe Colomb crut découvrir dans l'Orénoque un fleuve du paradis terrestre (5).

Les Pères de l'Église et tous les cosmographes du moyen âge ont admis l'hypothèse des fleuves sous-marins qui leur permettait d'accorder la géographie physique avec la géographie sacrée, d'expliquer comment le Géhon ou Gion, qui traverse Éden, pouvait, comme le veut la Genèse, envelopper la terre d'Éthiopie ; comment le Tigre et l'Euphrate, qui naissent aussi dans l'Inde, étaient amenés aux montagnes de l'Arménie et de l'Afrique. Dimishqui, un Arabe, se moque agréablement de cette croyance (6) ; mais le bon

---

(1) *Bulletin de la Société de géographie*, cahier de février 1876, pp. 131-133.
(2) SENECA, *Quæst. nat.* III, 26, 2. — Voir un intéressant mémoire de LETRONNE dans *l'Examen critique de l'Histoire de la géographie du nouveau continent et des progrès de l'astronomie nautique dans les* xve *et* xvie *siècles*, par HUMBOLDT, tom. III, pp. 118 et seq. Paris, Morgand, sans date.
(3) PHILOSTORGII CAPPADOCIS *veteris sub Theodosio Juniore Scriptoris, Ecclesiasticæ historiæ, a Constantino M. Ariig. initiis ad sua usque tempora*, libri xii, a Photio, etc., lib. III, n° 10; Genova, 1542, pp. 37-38. — Voir le mémoire de LETRONNE cité note 2.
(4) *Delle navigationi di Messer Alvise Da ca da Mosto*, in RAMUSIO, *Delle navigationi et viaggi*; Venetia, 1563, tom. I, fol. 101, recto.
(5) NAVARRETE, *Coleccion de los viages y descubrimientos, que hicieron por mar los Españoles desde fines del siglo* xv; Madrid, 1825, tom. I, p. 259.
(6) « Le fleuve de Sind, appelé Mihran, ressemble au Nil par ses crues et ses abaisse-

Frère ne pouvait penser autrement que l'Écriture et les Pères. Ils étaient encore loin les temps où l'on put soumettre à l'examen de la science positive les affirmations des docteurs de la foi! Quand donc le Frère transportait aux fleuves de l'Afrique les noms des fleuves de l'Asie, il parlait comme les géographes dont l'autorité s'imposait à sa foi religieuse. Cela ne peut infirmer la réalité de ses voyages, ni la sincérité de sa relation. Le nom de l'Euphrate n'est d'ailleurs pas étranger à la géographie de l'Afrique. Le chevalier des Marchais et Bonnaventure signalent une rivière de ce nom que d'Anville, dans sa carte de 1775, fait couler à travers le pays de Judah ou Ouidah, au lac Curamo. Bouet-Willaumez donne le nom d'Efrat à l'un des affluents du Rio Formose ou Kouara, qui se jette dans le lac Osa ou Cradou (1). Tout récemment encore, M. l'abbé Bouche, revenant d'une mission à la côte des Esclaves, nous apprenait que les lagunes de Corodou communiquent avec la rivière Benin par un marigot du nom d'Efra (2).

Il serait facile de multiplier les preuves, mais à quoi bon? Un voyage tenu pour vrai en 1102, par des hommes qui se trouvaient sur place, peut-il être nié parce que la relation qu'on en fit, comme toutes les relations de cette époque, contient du merveilleux, et des idées cosmographiques qui ne sont plus de notre temps?

VII

Tous ces voyages n'étaient point un mystère. Il est à supposer que l'affaire du prince de la Fortune aviva les convoitises des aventuriers de l'Europe.

En 1360, deux navires abordèrent à Gran Canaria par la baie de Gando. D'après les récits et les chansons des anciens Guanches, ces navires, montés par des Catalans et des Majorquins, venaient des ports de l'Aragon. Les Canariens vivaient alors loin des côtes, sans défiance. Les pirates, voyant la côte déserte, s'avancèrent imprudemment comme en pays inhabité, jusqu'aux environs de Telde. A cet endroit, l'ennemi parut en nombre, les attaqua vigoureusement et les fit tous prisonniers, tandis que les navires, restés à l'ancre, prenaient la fuite au seul bruit du combat. Les prisonniers furent répartis dans les divers districts et très-bien traités, car les Canariens, dit Abreu de Galindo, surpassaient peut-être tous les autres hommes en générosité à l'égard de leurs ennemis vaincus.

Les Espagnols apprirent à leurs hôtes l'art de la bâtisse et la culture du figuier, mais ils finirent par se rendre odieux, insupportables, surtout, dit-on, pour avoir fait des tentatives contre nature sur quelques Isleños. Viera y Clavijo, qui rapporte ce fait après Galindo, ajoute cette sévère observation : « Quand on considère les services rendus aux naturels par les

---

ments, ses animaux et la quantité de canaux qui en dérivent ; c'est pourquoi des ignorants disent qu'il doit sa naissance aux eaux de ce fleuve, bien que celui-ci, coulant du sud au nord, soit séparé du fleuve de Sind par une distance de plusieurs mois sur terre et sur mer. » (M. Mehren, *Manuel de la cosmographie du moyen âge*, traduit de l'arabe Nokhbet ed-dahr fi adjaid-il birr wal-bah'r; Copenhague, 1874, p. 120.)

(1) M. Codine, *op. cit.*, pp. 11, 12.
(2) *Bulletin de la Société de géographie*, ann. 1871, tom. I, p. 573.

chrétiens, on doit croire que, chez ces derniers, les vices surpassaient les vertus (1) ». Le conseil de la nation pensa de même. Il les condamna secrètement et leur fit subir le supplice réservé aux traîtres et aux adultères (2).

En 1377, Martin Ruiz de Avendaño, capitaine biscaïen, fut jeté par les vents sur Lancelote. Il fut bien reçu par les insulaires, et le roi Zonzamas lui donna pour résidence sa propre demeure. Avendaño reconnut cette générosité en séduisant la reine Fayna (3), et cette lâcheté eut dans la suite des conséquences funestes, car les Isleños, très-scrupuleux sur l'honneur conjugal, ne voulaient pas de souverains d'une légitimité douteuse.

D'après Pedro del Castillo, un autre débarquement eut lieu en 1382, le 5 juin, à Gran Canaria, à l'embouchure du ravin de Guinaguada. C'était Francisco Lopez qui, se rendant de Séville en Galice, n'avait pu résister à la tourmente. Il fut bien reçu par le guanartème ou roi et par les habitants. Pendant douze ans ses compagnons vécurent du produit des troupeaux qu'on leur avait donnés. Ils enseignaient aux jeunes Isleños la religion chrétienne et la langue castillane. Ils étaient fort contents les uns des autres. Mais les Espagnols entrèrent en relation avec les pirates de leur pays qui fréquentaient les côtes, les Canariens le surent et les mirent à mort. Les Espagnols rédigèrent, sous forme de testament, un écrit qui tomba aux mains de Gadiffer de la Salle, en 1404, la première fois qu'il vint à Gran Canaria. Bontier et Le Verrier ont vu dans cette exécution une perfidie des Guanches. Cette appréciation est inexacte. La vérité est que les insulaires souffraient déjà beaucoup des incursions piratiques et qu'ils firent un acte de justice en punissant des hôtes qui les trahissaient (4). Les Espagnols n'en demandaient pas tant pour faire des hécatombes de Canariens et d'Américains. En ce qui concerne spécialement les Guanches, nous disons : de ce que les vainqueurs ont anéanti un peuple aussi brave que généreux (5), il ne s'ensuit pas nécessairement que l'histoire doive admettre, comme des vérités, tous les mensonges imaginés pour justifier le plus odieux des crimes.

Quatre ans plus tard, en 1386, c'est don Fernando Ormel, comte d'Ureña

---

(1) « Cuando se considera, digo, todo esto, es menester sospechar, que los vicios de aquellos cristianos fueron majores que sus virtudes. » (*Noticias*, tom. I, p. 251.)

(2) ABREU DE GALINDO, in George Glas, *The History of the discovery and conquest of the Canary islands, translated from a spanish manuscript* (of Juan Abreu de Galindo) *lately found in the island of Palma*, etc.; London, 1764, pp. 79-81. — VIERÁ Y CLAVIJO, *Noticias de la Historia general de las islas de Canaria*; Madrid, imp. Blas Roman, 1773, tom. I, p. 299.

(3) ABREU DE GALINDO, in George Glas, *op. cit.*, pp. 10, 11. — VIERA Y CLAVIJO, *op. cit.*, tom. I, pp. 250 et seq.

(4) PEDRO DEL CASTILLO, ms. cap. V et IX cité par SABIN BERTHELOT dans l'*Histoire naturelle des Canaries*, et par VIERA Y CLAVIJO, *Noticias*, tom. I, p. 252. — *Le Canarien*, pp. 65, 66. — BORY DE SAINT-VINCENT, *Essai sur les îles Fortunées et l'antique Atlantide*; Paris, germinal an XI, p. 71.

(5) Les Espagnols n'ont pas détruit toute la population guanche, mais ils en ont massacré, sous divers prétextes, une grande partie. Le reste s'est fondu dans la race conquérante dont il a pris les mœurs et la religion. Notre ami M. le docteur Gregorio Chil y Naranjo, enfant et historien des Canaries, nous disait dernièrement que le gouvernement espagnol considérait comme nobles tous les Canariens, et que beaucoup de familles se glorifient de descendre des anciens Guanches. — V. SABIN BERTHELOT, *Histoire naturelle des Canaries*, tom. I, part. 1.

et d'Andeyro, qui vint attaquer la Gomère. Après avoir beaucoup tué, pillé, ravagé, il éprouva un revers de fortune qui le mit aux mains du roi Amalahuije. Ce roi, montrant une générosité que les Européens ne surent point imiter (1), délivra les prisonniers, leur donna l'hospitalité dans sa demeure et leur permit de retourner dans leur patrie (2). Tenesor Semidan, guanartème de Galdar, traita de même Diego de Silva qu'il pouvait, à son gré, laisser mourir de faim ou jeter à la mer (3).

La piraterie s'organisait alors sur les plus larges bases, et pourquoi ne pas le dire, bien que ce soit une honte pour l'Europe chrétienne? avec le concours du roi de Castille. En 1385, une escadrille de cinq caravelles, commandée par Fernando Peraza Martel, seigneur d'Almonaster, mit à la voile de Cadix à destination des côtes du Maroc et des Canaries. Après avoir parcouru les côtes d'Afrique, Peraza mit le cap à l'ouest, vit Ténérife dont il n'osa pas approcher, et se jeta sur Lancelote. Les Isleños accoururent au-devant de lui, curieusement, sans penser à mal. Il les accueillit par une volée de flèches qui tua quelques hommes, en blessa plusieurs et mit le reste en fuite. Peraza courut ensuite au village, le mit à sac, en enleva, pour les vendre comme esclaves, cent soixante-dix personnes parmi lesquelles se trouvaient le guanartème et sa femme. De retour en Espagne, son butin, hommes et choses, fut déclaré de bonne prise. Plus tard, le fils du noble seigneur d'Almonaster, sollicitant le gouvernement des Canaries, se faisait un titre de cet acte de brigandage (4).

En 1393, une nouvelle troupe de marchands de chair humaine s'abattit aussi sur Lancelote. Les exemples de générosité donnés par les Guanches étaient perdus, mais celui de scélératesse donné par Peraza portait ses fruits.

On invoquera les temps et la dureté des mœurs. Mais nous ne pouvons croire qu'à aucune période de l'histoire, surtout depuis l'avènement du christianisme, l'esprit humain se soit corrompu au point que l'on pût regarder comme licite le vol et le trafic des hommes.

Tandis que ces faits odieux se passaient dans l'archipel canarien, les Normands étendaient leurs excursions le long des côtes de l'Afrique et pénétraient dans le golfe de Guinée.

VIII

Nous avons dit plus haut qu'ils piratèrent au IXe siècle sur les côtes du Maroc ; nous ajouterons que ce siècle fut pour les hommes du Nord une période de grandes aventures maritimes. Tandis que les uns portaient leurs armes au midi, dans les contrées des richesses, des fleurs et du soleil, les autres s'en-

---

(1) Par un étrange hasard nous trouvons la même appréciation et presque dans les mêmes termes dans Viera y Clavijo ; *regalándoles y dándoles unos ejemplos de humanidad que despues no se imitaron bien.* (*Noticias*, tom. I, p. 253.)

(2) ABREU DE GALINDO, in George Glas, *op. cit*, pp. 20-21.

(3) ABREU DE GALINDO, ms. lib. I, cap. 26. — CASTILLO, cap. 31 (cités par Sabin Berthelot). — VIERA Y CLAVIJO, *Noticias*, tom. I, pp. 252, 253.

(4) ABREU DE GALINDO. *op. cit.*, p. 2. — VIERA Y CLAVIJO, *Noticias*, tom. I, pp. 254-55.

fonçaient au nord, dans la région des tempêtes, au-delà de la zone alors reconnue pour habitable, et découvraient successivement les Féroë, l'Islande, le Groenland et l'Amérique. Comme l'observa judicieusement Humboldt, seuls de toutes les nations ils partagèrent avec les Arabes, jusqu'au commencement du xii° siècle, la gloire des grandes expéditions maritimes, le goût des aventures étranges, la passion du pillage et des conquêtes éphémères.

En l'année 844, les deux races se rencontrèrent au pied de la Sierra-Morena. C'était au temps d'Abderame II; le khalifat d'Espagne était à l'apogée de sa prospérité. L'agriculture, le commerce, l'industrie, les lettres florissaient de nouveau dans les splendides contrées baignées par le Guadalquivir. « Une marine nombreuse, dit Estancelin, entretenait les relations politiques et religieuses des Maures d'Espagne avec l'Afrique, l'Égypte et l'Asie Mineure. La navigation avait suivi les progrès des autres arts. En voyant cette haute civilisation, les Normands en durent apprécier et convoiter les avantages; quand un demi-siècle plus tard, établis dans la Neustrie, constitués en corps de nation, ils cessèrent d'être les fléaux du monde, leurs premières expéditions navales durent se diriger vers les lieux qui excitèrent si souvent leur cupidité, et qui leur offraient des productions de l'échange le plus fructueux. Il est tout aussi naturel de conjecturer que, depuis le commencement du xiii° siècle, époque à laquelle les Espagnols commencèrent à reconquérir leur territoire et à en expulser les Maures, les Normands, conservant leurs rapports commerciaux avec ceux-ci, les aient suivis sur la côte d'Afrique (1). »

La descente que les Normands firent en Espagne est relatée par les anciens historiens arabes. Maçoudi, entre autres, dit que, antérieurement à l'an 300 (912 de J.-C.), des pirates firent des descentes dans ce pays, en venant par l'Océan. « Ces pirates, qu'on appelle *Madjous*, traversèrent, dit-il, un canal dérivé de l'Océan, mais différent des colonnes d'Hercule. Je pense que ce canal communique avec le Palus-Méotide et la mer de Nytas, et qu'il s'agit ici des Russes, vu que les Russes naviguent seuls dans ces parages. » Suivant Maçoudi, qui ne savait rien de la configuration de la Baltique, le monde habitable finissait au nord de la mer Noire. Entendant dire que des hommes à moitié barbares étaient arrivés par le nord sur les côtes d'Espagne, il dut croire que ces hommes étaient des Russes, et comme le remarque Reinaud, pour être conséquent avec lui-même, il les fit venir des bords du Palus-Méotide dans la Baltique par un canal imaginaire (2).

Ce n'est probablement pas en 844 que les Normands virent pour la première fois les côtes d'Afrique. On a trouvé sur les bords de la Baltique et dans les plus hautes latitudes de la Scandinavie des quantités considérables de monnaies arabes des khalifes Ommiades d'Espagne, des gouverneurs Abassides de Libye et des Edressides de la Mauritanie, toutes antérieures à l'an 815. Elles sont conservées au Musée des sciences de Pétersbourg. On suppose, dit Depping, qu'elles proviennent de pillages exercés chez les Maures par les Nor-

---

(1) L. ESTANCELIN, *Recherches sur les voyages et découvertes des navigateurs normands en Afrique, dans les Indes orientales et en Amérique;* Paris, Delaunay, 1832, p. 3.
(2) REINAUD, *Introduction à la Géographie d'Aboulféda,* tom. I, pp. CCXCVIII CCXCIX.

mands, qui les auraient portées en Russie, où ils firent vers ce temps plusieurs excursions (1). Humboldt croirait plutôt qu'elles furent apportées par les marchands arabes qui s'avancèrent fort avant dans l'intérieur des terres.

Nous ne croyons pas que les Arabes du VIII° et du IX° siècle aient beaucoup fréquenté le nord de l'Europe. En tout cas, leurs voyages auraient eu pour but, non l'achat contre argent, mais l'échange contre les produits du Levant, de l'ambre et des fourrures du Nord. Ces voyages auraient certainement donné lieu à des remarques sur la configuration des terres et des mers, sur la situation, le nom et l'importance des principaux marchés. On ne trouve aucune trace de cela dans les géographes arabes qui, tout au contraire, entrevoient à peine la Norwége, la Suède et le nord de la Russie. Les connaissances géographiques d'Ibn Khordadbeh, qui fut chef des postes du khalife Moutamid et mourut en 912, ne dépassaient pas les Alpes et les Pyrénées : il ne cite pas une seule ville du pays des Francs (2). Aboulféda, qui vécut de 1273 à 1331, consacre à l'Espagne tout un chapitre, le cinquième ; un autre le huitième, lui suffit pour dire ce qu'il sait du reste de l'Europe et du nord de l'Asie. De la France, il connaissait de nom le Poitou, la Seine et Paris ; de l'Allemagne, il cite le Danube et une ville que l'on croit être Presbourg. Le peu qu'il dit des habitants des environs de la « mer Boréale » prouve que les régions septentrionales lui étaient absolument inconnues (3).

Pour son contemporain Dimishqui, le monde civilisé finissait avec le cinquième climat, c'est-à-dire aux environs du parallèle des Pyrénées. De ce parallèle jusqu'au pôle les hommes vivaient sans religion, sans révélation, et ressemblaient, pour l'intelligence, aux Nègres qu'il mettait à la hauteur des animaux. Bien plus, les Varengs (Scandinaves) appartenant, dit-il, à la race Slave, ne savent pas parler. Dans leur voisinage, il y a deux îles appelées *Irmiânus des hommes* et *Irmiânus des femmes*. Les hommes vivent dans l'une et les femmes dans l'autre. Ils se réunissent au printemps, font l'amour pendant deux mois et se séparent pour ne plus se réunir que l'année suivante (4). Cette fable avait cours en Orient comme en Occident. Dimishqui et les autres géographes arabes, comme Adam de Brême et Marco Polo, plaçaient ces îles dans les contrées inconnues. Cela seul prouverait que, pour les Arabes, la Baltique était, comme ils le disent, le commencement de la région des ténèbres.

Maçoudi, écrivain du X° siècle, nous apprend que le Volga était la voie d'un commerce très-actif entre les côtes de la mer Caspienne et le pays des Bolghars et des Berthas ; que les peuples fixés sur ses rives faisaient un grand

---

(1) DEPPING, *Histoire des expéditions maritimes des Normands et de leurs établissements en France au X° siècle*; Paris, Didier, 1844, p. 140.
(2) *Le Livre des routes et des provinces*, d'IBN KHORDADBEH, trad. de M. Barbier de Meynard ; Paris, Imp. impér., 1865, pp. 211, 214, 263.
(3) *Géographie d'Aboulféda*, tom. II, pp. 284-285.
(4) M. MEHREN, *Manuel de la cosmographie du moyen âge*, pp. 11, 13, 173, 176, 400.
Il dit pourtant ailleurs, p. 186, en parlant de l'île de Chypre : « Elle a une montagne habitée par un génie, et tout près est un couvent avec un crucifix, nommé Çalib-eç-Çalbout, en bois, les côtés revêtus de fer doré, et suspendu à une pierre d'aimant entre deux colonnes d'aimant, *œuvre de la stupidité des maudits chrétiens*. »

commerce de fourrures avec ceux du Kharizm (1). Mais il y avait si loin du Bolghar au pays des Ténèbres, et le voyage était si dangereux, qu'Ibn Batoutah lui-même dut renoncer à le visiter (2). Il y avait loin aussi des rives du Volga au nord-ouest de l'Afrique. Si les communications entre des pays si éloignés, par la route indiquée, n'étaient pas absolument impossibles, elles étaient si difficiles, si peu probables, à raison surtout de l'absence d'une voie d'eau continue, qu'on admettra, supposition pour supposition, que les anciennes monnaies arabes trouvées en Suède et en Russie furent apportées par les Scandinaves.

Les voyages aux côtes d'Afrique étaient productifs et par conséquent devaient durer. Les relations nouées probablement, comme nous l'avons dit, par l'intermédiaire des Maures d'Espagne, prirent peu à peu un caractère commercial, et tandis que les Espagnols se forment au honteux métier de marchands d'hommes, les Normands trafiquent avec les Nègres de la côte d'Afrique, ce qui ne les empêche pas cependant de prendre aussi quelques hommes aux Canaries.

Une expédition de ce genre est signalée par David Asseline comme ayant eu lieu en 1339. David Asseline, prêtre de l'église Saint-Jacques de Dieppe, vit le jour en 1619 et mourut en 1703. D'après M. l'abbé Cochet, il était faible paléographe. On sait d'ailleurs que de son temps les archives s'ouvraient difficilement aux simples citoyens. Qu'Asseline n'ait pas tiré des dépôts dieppois le meilleur parti possible, c'est incontestable; néanmoins il a vu beaucoup de pièces, et son livre grave, sérieux, modeste, écrit, comme il le dit lui-même, sans afféterie et sans prétention, est rempli de renseignements précieux et bien étudiés. L'œuvre n'est pas exempte de critiques, mais la loyauté de l'auteur ne peut être mise en doute : Asseline a vu les pièces qu'il dit avoir vues. Après avoir raconté, en douze lignes seulement, la prise et le pillage de Dieppe par les Flamands, en 1339, il parle en ces termes de l'expédition maritime de cette même année :

« Le peu de temps que ce ravage dura fit que les ennemis ne causèrent pas un si grand dommage aux Dieppois qu'ils ne pussent aisément le réparer bientôt après; surtout s'il est vray (*ainsi qu'un mémoire témoigne*) que trois grands navires, qui avoient esté envoyés auparavant aux Indes, retournèrent à Dieppe chargez d'or et d'argent et d'autres précieuses marchandises, qui aidèrent bien (*ce sont ses propres termes*) à remettre Dieppe sur pied et à attirer beaucoup de marchands pour s'y établir et y faire négoce (3). »

Par les mots : « ce sont ses propres termes », on voit qu'il avait sous les yeux le manuscrit dont il s'autorisait.

---

(1) SYLVESTRE DE SACY, *Chrestomathie arabe*, t. II, pp. 17 et seq. — REINAUD, *Géographie d'Aboulféda*, tom. II, pp. 281, 285. — MAÇOUDI, *les Prairies d'or*, texte et traduction par MM. C. Barbier de Meynard et Pavet de Courteille; Paris, Impr. impér. 1863, t. II, pp. 14, 15.
(2) *Voyages d'Ibn Batoutah*, texte arabe accompagné d'une traduction par MM. C. Defrémery et Sanguinetti; Paris, Imp. impér., 1854, tom. II, pp. 399 et seq.
(3) *Les Antiquitez et chroniques de la ville de Dieppe*, par DAVID ASSELINE, publiées pour la première fois avec une introduction et des notes historiques par MM. Michel Hardy, Guérillon et l'abbé Sauvage; Dieppe, 1874, t. I, p. 109.

Croisé, autre chroniqueur dieppois, répète le récit d'Asseline (1). Croisé était procureur du roi en l'amirauté de Dieppe. Il était ainsi à la source des renseignements. Son manuscrit, qui appartient à M. l'abbé Malais, le savant curé de Martin-Eglise, près Dieppe, fut dédié à Louis XV en 1723. Comment croire qu'un homme, ayant une position officielle dans la marine, ait avancé, sans preuves authentiques, un fait de cette importance? Comment croire qu'il ait osé dédier au roi une simple copie des *Antiquitez et Chroniques* qu'Asseline venait pour ainsi dire de terminer? Pour nous, ces deux auteurs se confirment réciproquement.

Guibert mentionne aussi l'expédition de 1339 dans ses *Mémoires pour servir à l'histoire de Dieppe* qu'il a présentés à l'Académie royale des sciences, belles-lettres et arts de Rouen (2). Michel-Claude Guibert, prêtre de la paroisse Saint-Remy de Dieppe, né l'année qui suivit le bombardement, était modeste, laborieux, de grand savoir. Il ne put, comme Asseline et Croisé, consulter les archives, mais il eut dans les mains d'anciens mémoires maintenant perdus ou enfouis dans les collections de personnes qui n'en connaissent pas la valeur ou refusent de les communiquer. Son caractère garantit sa sincérité; on peut être assuré qu'il n'affirma rien sans preuve. Son livre, qui bientôt verra le jour, est l'œuvre de toute sa vie, qui fut de quatre-vingt-sept ans. La brièveté du récit tient surtout à ce que les marins du xive siècle gardaient strictement le secret sur leurs navigations pour conserver le monopole du trafic des terres qu'ils découvraient. Ils imitaient en cela, comme en audace et en science nautique, les Phéniciens et les Carthaginois, qui furent les Normands de l'antiquité.

Ces anciens voyages sont d'ailleurs attestés par des auteurs dont on ne soupçonnera pas la partialité en faveur des Normands.

Abreu de Galindo, dont on vante l'exactitude et la sincérité, dit: « La première relation publiquement connue en Europe que nous avons eue sur les Canaries après la chute de l'empire romain, fut apportée entre les années 1326 et 1334, par un navire français qui avait été jeté sur ces îles par la tempête (3) ».

L'illustre João de Barros, justement appelé le Tite-Live portugais, raconte l'arrivée de Béthencourt aux Canaries et ajoute : « Suivant la renommée, on eut connaissance de ces îles par un navire anglais ou français qui fut porté dans cet archipel par un coup de vent (4) ».

---

(1) *Histoire abrégée et chronologique de la ville, château et citadelle de Dieppe et du fort du Pollet, depuis leur origine; avec tous les priviléges accordés aux habitans de cette ville.*

(2) *Mémoires pour servir à l'histoire de la ville de Dieppe, composez an 1761, par* MICHEL-CLAUDE GUIBERT, *prêtre de la paroisse Saint-Remy de Dieppe. Revus et transcrits en 1764 par l'auteur. Présentez à l'Académie royale des sciences, belles-lettres et arts de Rouen.* Mss. de la bibliothèque de Dieppe.

(3) The first account we had of the Canary Islands being publikly known in Europe, after the decline of the Roman Empire, was some time between the years 1326 and 1334, by means of a French ship that was driven among them by a storm. (ABREU DE GALINDO, in George Glas, *op. cit.*, book I, chap. I, p. 1.)

(4) E segundo fama, a noticia dellas soube per hũa nao Ingresa ou Francesa que lá esgarrou com tempo. (*Decada primeira da Asia de* IOÃO DE BARROS *dos feitos que os Portugueses fezerão no descobrimento et conquista dos mares et terras do Oriente.* Lisboa, 1628, liv. I, cap. XII, fol. 23, recto, col. 1.)

Un géographe arabe, Ibn Khaldoun, qui devait peu se préoccuper de la gloire des Normands, s'exprime ainsi en parlant des principales îles de la mer *Environnante* situées du côté de l'occident : « Nous avons entendu dire que vers le milieu de ce siècle (le VIIIe de l'hégire, le XIVe de notre ère), des navires francs abordèrent dans ces îles, les armes à la main, et s'y livrèrent au pillage. Une partie des habitants furent faits captifs, et les Francs en vendirent quelques-uns sur les côtes du Magreb-al-Aqça. Ces captifs entrèrent au service du sultan (de Marok), et, quand ils eurent appris la langue arabe, ils donnèrent quelques détails sur leur patrie. Ils dirent qu'on y labourait la terre avec des cornes, faute de fer; qu'on s'y nourrissait d'orge; que le bétail consistait en chèvres; qu'à la guerre on combattait avec des pierres qu'on lançait en arrière ; qu'on adorait le soleil à son lever; qu'il n'y existait pas d'autre culte, et qu'il ne s'y était jamais présenté de missionnaire (d'une religion révélée). En effet, dit Ibn Khaldoun, si jamais quelque navigateur a relâché dans ces parages, c'est par hasard et non d'après un dessein prémédité (1). » Cette descente des Francs aux Canaries ne peut être identifiée avec celle ordonnée en 1341 par Alphonse IV de Portugal; comme nous l'avons dit plus haut, il résulte positivement des pièces conservées par Boccace et Raynald que les hommes pris dans l'archipel par Angiolino furent conduits en Portugal; de plus, les géographes arabes ne confondent jamais la France avec la péninsule ibérique qu'ils désignent constamment sous le nom d'*Andalos;* Galindo et Barros pouvaient moins encore faire une pareille confusion.

C'est donc bien d'une expédition française qu'il s'agit, et les indications d'Ibn Khaldoun, Galindo et Barros confirment celle des chroniqueurs dieppois. Si cela ne permet pas de préciser la limite extrême des navigations normandes, nous pouvons au moins considérer comme certain qu'elles s'étendirent, par fortune de mer, dans la première moitié du XIVe siècle, jusqu'aux îles Canaries.

IX

En 1364, le jour de Noël, dit Villault de Bellefond, deux navires dieppois, de cent tonneaux chacun, jetaient l'ancre au cap Vert, dans la baie de *Rio Fresca* ou baie de *France,* comme on disait encore au XVIIe siècle. Sachant ce qu'il fallut de temps et d'efforts aux Portugais pour doubler les caps Noun et Bojador, on n'admettra pas sans peine que les Normands aient pu faire, d'une première fois, le voyage de Dieppe au cap Vert. Ils ont donc, selon toute apparence, caboté sur les côtes d'Afrique après 1339. De Rio Fresca ils cinglèrent au sud-est, vers *Boulombel,* surnommé par les Portugais *Sierra-Leone;* ils passèrent de Boulombel au cap *Moulé,* dont les habitants croyaient tous les hommes noirs, et s'arrêtèrent à l'embouchure du *Rio Sexto,* où se trouvait un village qu'ils nommèrent Petit-Dieppe à cause de son havre et de sa situation entre deux coteaux. Ils revinrent en Normandie en 1365, au

---

(1) REINAUD, *Géographie d'Aboulféda,* tom. II, p. 246, note 2.

mois de mai, après six mois de route, avec une riche cargaison de morphi (ivoire), de cuir, d'ambre gris, et de malaguette ou poivre. Villault de Bellefond et les chroniqueurs dieppois assurent que l'énorme quantité d'ivoire apportée en 1365 porta les artistes du pays à travailler cette matière et qu'ils sont devenus, ce qu'ils sont encore aujourd'hui, les plus habiles ivoiriers du monde.

Au mois de septembre suivant, les marchands de Dieppe s'associèrent à ceux de Rouen et envoyèrent quatre navires pour trafiquer du cap Vert au Petit-Dieppe et continuer la découverte de la côte. L'un des navires donna au Grand-Sestre le nom de *Petit-Paris*. Un autre passa la côte d'Ivoire et vint à celle de l'Or. Il y recueillit un peu d'or et beaucoup d'ivoire. Les tribus en étaient méchantes, peu sympathiques aux étrangers, ce qui détermina les armateurs à limiter provisoirement leurs excursions au Petit-Dieppe et au Petit-Paris.

Au mois de septembre 1380, un navire de cent cinquante tonneaux, nommé *Notre-Dame de Bon-Voyage*, mit à la voile de Rouen à destination de la côte d'Or où il arriva au mois de décembre. Les naturels avaient bien placé dans les terres les marchandises qu'ils avaient reçues des Normands et firent bon accueil à *Notre-Dame de Bon-Voyage* qui revint, au bout de neuf mois, avec une grande quantité d'or. Cette cargaison, dit Bellefond, commença la fortune de Rouen.

Le 28 septembre de l'année suivante, Dieppe fit partir trois vaisseaux : *la Vierge, le Saint-Nicolas* et *l'Espérance*. Le premier prit son chargement à la Mine, le second à Cap-Corse et à Moulé, le troisième à Fantin, Sabou, Cormentin et Akara. Le voyage dura dix mois.

En 1383, les Dieppois envoyèrent encore trois navires chargés des matériaux nécessaires pour construire à la Mine une loge de dix ou douze hommes. Ils revinrent richement chargés après une absence de dix mois. La petite colonie qu'ils fondèrent prit rapidement de l'importance; en 1387 elle bâtit une église qui existait encore du temps de Bellefond.

Le commerce de Guinée était trop heureux et trop fructueux, dit cet auteur, pour durer longtemps. La guerre civile qui survint en 1410 et la mort de quantité de marchands le compromirent. C'était beaucoup quand on pouvait mettre à la mer deux vaisseaux tous les deux ans. « Enfin, la guerre augmentant, ce commerce se perdit tout à fait (1). »

Il y avait une autre cause, la principale peut-être, dont il ne dit rien, mais que le P. Labat relève avec beaucoup de raison. Les marchands, devenus très-riches, commencèrent, dit cet auteur, à rougir de leur qualité, « à laquelle cependant il faut avouer qu'ils devoient tout ce qu'ils étoient. Ils s'allièrent avec la noblesse et la voulurent copier; il fallut comme elle prendre le parti des armes, et s'aller ruiner à la guerre, et cependant

---

(1) VILLAUT DE BELLEFOND, *Remarques sur les Costes d'Afrique, appelées Guinée*, etc., suivies de *Remarques sur les costes d'Afrique et notamment sur la coste d'Or, pour justifier que les François y ont esté long-temps auparavant les autres Nations*. Paris, Denys Thierry, rue Saint-Jacques à l'enseigne de la Ville de Paris, 1669, pp. 410-425.

abandonner le commerce qui les auroit soutenus eux et leurs descendans, et dont leur Province et tout le Royaume auroient tiré des avantages infinis (1). »

Le récit de Villault de Bellefond, que nous nous sommes appliqué à résumer en aussi peu de mots que possible, est parfaitement régulier; le nom et le tonnage des navires, les dates de départ et de retour, les lieux de chargement et la nature des cargaisons sont indiqués avec une précision qui implique la connaissance des registres authentiques. Comme l'a dit le savant et consciencieux Fréville (2), l'accord avec les faits généraux historiques et particuliers est surtout digne d'attention. Nous voyons une interruption de 1365 à 1375. Il devait y en avoir une au moins de 1369 à 1372, car c'est dans cette période que se place la révolte de la Guyenne contre le Prince Noir et la victoire remportée devant la Rochelle, sur les Anglais, par les Dieppois commandés par Boccanegra (3). En 1382, les Rouennais n'envoient pas de navires en Guinée; c'est précisément l'année de la *Harelle*. Le ralentissement de 1410, puis la suspension des expéditions correspond avec nos troubles intérieurs et l'invasion des Anglais. Le danger devint si pressant que, le 17 juin 1417, Charles VI donna commission aux sires Despreaux, Cramesnil et un autre, dont le parchemin, très-fatigué, n'a pas voulu nous dire le nom, de résister par tous les moyens aux Anglais qui venaient assiéger Rouen. Cinq jours plus tard, ces seigneurs levèrent une contribution de guerre sur le chapitre et les religieux de Saint-Ouen (4). A cette époque, nos ennemis occupaient Caen, une partie de la Basse-Normandie et l'embouchure de la Seine. Pouvait-on penser, quand tant de malheurs pesaient sur le pays, à faire partir des vaisseaux pour les côtes de Guinée?

Si Villault de Bellefond a fait un roman, il faut convenir qu'il était un bien habile homme. Loin de lui reconnaître un si remarquable talent pour le mensonge, nous prétendons qu'il n'a pu dire que la vérité.

Nicolas Villault, écuyer, sieur de Bellefond, était agent de Colbert pour le rétablissement du commerce en France. En 1666 et 1667, il explora les côtes de Guinée par l'ordre de ce ministre. C'était une mission officielle et de confiance qui exigeait une connaissance sérieuse de l'histoire et des besoins de notre commerce maritime. Bellefond avait pour devoir de renseigner exactement le ministre et le public sur les chances de réussite que notre commerce pouvait espérer sur les côtes d'Afrique. Un mensonge aurait eu les conséquences les plus graves. On voit par le commencement de son épître dédicatoire à Colbert qu'il comprenait parfaitement sa position et les dangers d'un récit fantaisiste. « Vous ne considerez, dit-il, que la verité, à laquelle vous ne pouvez souffrir que l'on donne la moindre altération; la disant, que dois-je craindre? » Après cette parole formelle, nous allions dire solennelle,

---

(1) LABAT, *Nouvelle Relation de l'Afrique Occidentale*; Paris, 1728, tom. I, p. 10.
(2) E. FRÉVILLE, *Mémoire sur le commerce maritime de Rouen depuis les temps les plus reculés jusqu'à la fin du XVIe siècle*. Rouen, Le Brument, 1857, tom. I, p. 313.
(3) En 1363, le doge de Gênes était Boccanegra (bouche nègre).
(4) *Archives de l'hôtel de ville de Rouen*, liasse 4, pièces 1 et 2. Nous adressons ici nos remerciments à M. Leroy, le très-obligeant gardien des archives de l'hôtel de ville.

il ajoute immédiatement : « Si vous approuvez cette relation que je vous présente, y a-t-il de François qui ne seconde vos glorieux desseins, et qui ne tâche de se retablir dans ces *Terres qu'ils ont autresfois possédées* ».

Dans le corps de son mémoire il avait déjà dit : « Les Mores nous aiment, nous sommes les premiers qui avons connu ces terres, allons y faire revivre le nom et la gloire des François (1) ». Il avait enfin terminé son récit par ces mots qui s'adressaient à Colbert, aux marchands, aux marins de son pays : « Or par ce que dessus je conclus que les François ont les premiers habité ces terres, qu'ils les ont connües avant les Portugais, et que les Dieppois doivent avoir cet avantage, qui leur est justement deu, d'avoir esté les premiers navigateurs d'Europe (2) ».

Ce langage est celui de la sincérité. Comme pour en confirmer l'exactitude, le roi disait dans ses lettres patentes du 18 janvier 1668, enregistrées au parlement de Normandie, le 17 août suivant : « Et comme il est de tout temps sorti de notre bonne ville de Dieppe les plus expérimentés capitaines, et pilotes es plus habiles, et les plus hardis navigateurs de l'Europe ; *que ceux de ce lieu-là ont fait les premières découvertes des pays les plus éloignés* (3)... ».

Il est permis de se demander avec Vitet : Colbert aurait-il laissé Louis XIV délivrer ce brevet d'honneur, s'il n'avait su que *ceux de ce lieu-là* avaient des titres pour le justifier ? Nous regardons d'ailleurs comme impossible qu'un homme de sens, chargé d'une mission officielle très-délicate, se soit permis, sans être bien sûr de son fait, de tenir le langage de Bellefond à Colbert, qui pouvait faire vérifier ses dires et l'envoyer méditer à la Bastille sur le danger de tromper un ministre tout-puissant.

Bellefond n'avança rien à la légère ; il avait pu vérifier sur place le résultat de ses études dans les archives et de ses conversations avec les marins de Dieppe et de Rouen. Il vit à Rio Fresca des cases semblables aux chaumières de la Normandie, une baie qui portait encore le nom de la France (4). La belle-fille d'un prince indigène dont il portait la santé lui dit en français : *Monsieur, je vous remercie*. Elle ajouta en portugais que son mari n'avait pas quitté les Français tout le temps de leur séjour dans le pays (5). Il trouva que le Grand-Sestre portait le nom de Petit-Paris, et que le peu de langage qu'on y pouvait entendre était français. Les indigènes, dit-il, « n'appellent pas le poivre *sextos* à la portugaise, ny *grain* à la hollandaise, mais *malaguette*, et lorsqu'un vaisseau aborde, s'ils en ont, après le salut ils crient : *Malaguette, tout plein, tout plein, tant à terre, de Malaguette*, qui est le peu de langage qu'ils ont retenu de nous (6) ». On voyait encore à Commendo les quatre murailles d'une case bâtie par les Français. Le roi qui demeurait à Grand-Commendo, à quatre lieues de la côte, envoya au navire de Bellefond des présents et des rafraîchissements. « Les Français, disait-il, ont de tout

---

(1) VILLAULT DE BELLEFOND, *op. cit.*, p. 438.
(2) VILLAULT DE BELLEFOND, *op. cit.*, p. 454.
(3) *Lettres patentes portant autorisation de l'établissement de l'Hôpital Général de la ville de Dieppe.*
4) VILLAULT DE BELLEFOND, *op. cit.*, pp. 71, 75.
(5) VILLAULT DE BELLEFOND, *op. cit.*, pp. 108-109.
(6) VILLAULT DE BELLEFOND, *op. cit.*, pp. 159-16.

temps habité cette terre ; ils y seront toujours les bien venus (1) ». Bellefond observa aussi qu'à la Mine les Hollandais faisaient leurs prêches dans une église bâtie par les Français (2). Tous les chroniqueurs dieppois racontent, avec leur brièveté habituelle, les voyages mentionnés par l'agent de Colbert. Nous citerons particulièrement Guibert, Desmarquets (3), Labat (4), et l'auteur anonyme de l'*Histoire de la ville de Dieppe depuis son origine jusqu'au bombardement de* 1694, qui dut écrire à la fin du xvii° siècle, car au milieu du xviii°, un autre anonyme annota son manuscrit (5).

Un demi-siècle avant Bellefond, de 1617 à 1620, l'Allemand Samuel Braun habita le fort de Nassau, sur la côte d'Or. Il raconte tout au long, d'après les nègres de Nassau et d'Akara, la fondation du fort de la Mine par les Français et l'arrivée dans le pays des marins portugais (6).

En 1643, le P. Fournier dit dans son *Hydrographie :* « Avant que les Portugais nous eussent enlevé la Mine, toute la Guinée étoit remplie de nos colonies, qui portoient le nom des villes de France dont elles étoient sorties (7) ». M. de Santarem, n'ayant pu trouver ce passage, prétendit que le silence du P. Fournier prouvait la non-existence de nos anciennes navigations sur les côtes d'Afrique ; mais M. d'Avezac lut mieux que le savant portugais et découvrit la mention qui vient d'être citée (8). Cette fois encore, comme tant d'autres, M. de Santarem s'était légèrement aventuré.

Olivier Dapper disait en 1668, du temps même de Bellefond, qu'il y avait à la Mine une batterie nommée *Batterie Française,* parce que les indigènes prétendaient que les Français l'avaient construite avant l'arrivée des Portugais. Il raconte aussi la découverte d'une pierre sur laquelle on lisait encore les deux premiers chiffres du millésime treize cents. Il a vu, entre deux pilastres, une inscription complétement effacée par l'érosion des pluies, tandis qu'une autre, de 1484, était nette comme si elle n'avait eu que quelques années d'existence. Il concluait de ce fait, par comparaison, que la première pierre devait être fort ancienne, c'est-à-dire antérieure à l'arrivée des Portugais (9).

Dans le voyage qu'il fit en 1669 et 1670 aux îles et à la côte de Guinée, le sieur d'Elbée, commissaire général de la marine, vit sur le Cébéré (Rio Cobus) un château dit de Saint-Antoine d'Axem (Axim), qui paraissait assez

---

(1) Villault de Bellefond, *op. cit.*, pp. 192, 193.
(2) Villault de Bellefond, *op. cit.*, pp. 5, 424.
(3) *Mémoires chronologiques pour servir à l'histoire de Dieppe et à celle de la navigation françoise;* Paris, 1785, tom. I, pp. 40-43.
(4) Labat, *op. cit.*, tom. I, pp. 7-11.
(5) *Histoire de la ville de Dieppe depuis son origine jusqu'au bombardement de* 1694 ; *accompagnée de notes et de suppléments rédigés vers le milieu du* xviii° *siècle.* Transcrite à Rouen par C.-L. R... (Renard) de Dieppe ; 1837, bibliothèque de Rouen, ms. Y 28, 4, p. 29.
(6) *Fünff Schiffarten* Samuel Braun, *burgers und wundartzt zu Basel ;* Die dritte Reyss, p. 27. Cette relation a été publiée en allemand et en latin, en 1625, par Jean-Théodore de Bry, en appendice à sa collection des *Petits Voyages.* — M. d'Avezac, *Notices des découvertes,* pp. 77-79.
(7) Fournier, *Hydrographie,* p. 202 de l'édition de 1643, p. 154 de l'édition de 1667.
(8) M. d'Avezac, *Notice des découvertes,* pp. 83, 84.
(9) Dr. O. Dapper, *Naukeurige Beschrjvinge der Afrikensche gemesten,* p. 439. — Cité et traduit par M. d'Avezac, *Notice des découvertes,* pp. 75-77. Traduction française faite à Amsterdam, en 1686, sous le titre : *Description de l'Afrique,* pp. 280, 281.

bien bâti. « L'on m'a assuré, dit-il, qu'autrefois cela avoit été aux François, et même qu'il y avoit eu sur la porte de ce château les armes du roy de France, qui ont esté ostées par les Hollandois depuis huit à dix ans, et qu'il y a encore des vestiges d'une chapelle qui y étoit (1). »

M. de Santarem prétendit que Dapper n'avait pu voir le chiffre 13... dont il parlait par ce motif que les chiffres arabes n'étaient pas en usage au XIVe siècle; qu'on prit pour les armes de France l'écu de Portugal orné de la croix fleuronnée d'Aviz, ou l'*écusson français fleurdelisé dont le prince Henri se servait, comme on le voit également sur son tombeau à Batalha!* Ces arguments reposaient aussi sur une étude très-superficielle. M. d'Avezac démontra, sans trop de peine, que dès la fin du Xe siècle, la France et l'Italie se servaient des chiffres arabes, et qu'on n'a jamais vu de fleurs de lis sur le tombeau du prince Henri (2).

Gabriel Ducasse, qui fit un voyage en Guinée deux ans avant de prendre le gouvernement de Saint-Domingue, parle aussi de la pierre mentionnée par Olivier Dapper. Il prétend qu'on lisait dessus *année* 13... Le mot *année* étant exclusivement français, il voyait dans ce débris d'inscription une confirmation de ce que les nègres de Commendo et de la Mine disaient du séjour des Normands dans le pays. M. Pierre Margry, à qui nous empruntons ce détail, cite en outre un traité du 15 décembre 1687, dans lequel le roi Amoisy déclara qu'il était de tradition que les Français avaient séjourné sur cette côte pendant plus d'un siècle, et que l'on y conservait d'eux le meilleur souvenir (3).

Le chevalier des Marchais, à qui l'on accorde une certaine autorité, a vu sur la rivière Tabo, en face d'une île fort agréable, un assez grand village. On lui dit que les Normands avaient eu dans cette île un comptoir important qu'ils appelaient *Petit-Dieppe*. « Quoiqu'il y ait plus d'un siècle que ce comptoir ne subsiste plus, dit-il, les nègres du pays ont toujours conservé le nom de *Petit-Dieppe* à cette isle; *et les Anglois, Hollandois et autres Européens qui trafiquent à la coste ont continué de nommer ce lieu* PETIT-DIEPPE, *et le marquent ainsi sur leurs cartes* (4). »

Ces navigations n'ont pas été inconnues des Portugais, et plusieurs de leurs historiens, outre Barros, cité plus haut, sont moins exclusifs que M. de Santarem. Azurara, contemporain du prince Henri le Navigateur, dit que Diego Affonso, en arrivant au cap Blanc, en 1446, planta sur le rivage une grande croix de bois. « Le navigateur *d'autre royaume*, qui par hasard passait en vue de cette côte, devait être bien étonné », ajoute-t-il, « de voir chez les Maures un pareil signal, surtout s'il ignorait que nos vaisseaux naviguaient dans cette région (5). » « Aveu précieux », dit M. d'Avezac,

---

(1) *Journal du voyage du sieur d'Elbée, commissaire général de la marine, aux îles et à la côte de Guinée;* Paris, 1671.
(2) M. D'AVEZAC, *Notice des découvertes*, pp. 3, 4.
(3) M. PIERRE MARGRY, *Les Navigations françaises et la Révolution maritime du* XIVe *au* XVIe *siècle;* Paris, Tross, 1867, pp. 23-25.
(4) *Voyages du chevalier des Marchais en Guinée, isles voisines, et Cayenne,* en 1725, 1726, etc., par le P. Labat, 1730, Saugrain.
(5) « Bem se devya maravilhar algum doutro regno que per accertamento passasse por

en ce qu'il constate à la fois que des étrangers visitaient ces mers, et qu'ils pouvaient ignorer encore les prouesses des Lusiades (1). »

Un savant portugais, M. Antonio Ribeiro dos Santos, a dit, devant l'Académie royale de Lisbonne : « Nous apprenons que les peuples sortis de la Norvége ou Scandinavie, qui s'établirent en Normandie, principalement à Dieppa ou Dieppe..., passèrent en 1364, en cabotant, sur la mer Atlantique, près des côtes occidentales du continent africain, jusqu'à ce qu'ils arrivassent, suivant l'opinion de Huet et de Murillo, à faire en Guinée plusieurs établissements qu'ils baptisèrent de noms français. Il se peut que les navigations des Dieppois se soient étendues jusqu'à la côte de Guinée; cela ne nous paraît pas improbable, bien qu'il reste à savoir jusqu'à quel point de cette côte ils s'avancèrent (2) ».

Enfin Navarrete, qui, comme Espagnol, était bien désintéressé dans la question, dit, en parlant de la conquête des Canaries : « Le plus remarquable est que les côtes d'Afrique, visitées antérieurement par les aventuriers normands, jusqu'au cap de Sierra-Leone, fixèrent l'attention de Béthencourt avant même qu'il ait terminé la conquête des îles (3) ».

A ces témoignages qui nous paraissent décisifs, nous ajouterons celui de quelques cartographes étrangers.

Le docteur D. Nicolas Tulp, dans sa carte de *Guinea* de l'atlas de Blaeu, mentionne *Petit-Dieppe*, *Cormentin*, *Accara* et autres lieux dont le nom est français. Coronelli, cosmographe de la république de Venise, porte sur sa carte de 1687 le *Grand-Sestre dit Paris* et donne à la mer voisine le nom de *Maleguette*. Ortelius, dans le *Typus orbis terrarum* de 1587, appelle *Mellegete* une ville située près de la côte. Martin Behaim, sur son fameux globe de 1492, donne le nom *D'malaget* à la côte comprise entre Pinias et Cabo Corso. Gérard Mercator, dans sa mappemonde de Duisbourg, de 1569, donne à la même contrée le nom de *Mellegete*. Braun, Dapper, Azurara, Ribeiro, Navarrete, Tulp, Coronelli, Ortelius, Behaim, Mercator n'avaient aucun motif

---

aquella costa, e visse antre os Mouros semelhante sinal, e nom soubesse alguma cousa dos nossos navyos que navegavam per aquella parte. » Gomes Eannes de AZURARA, *Chronica do descobrimento e conquista de Guiné*, dada pela primeira vez a luz per diligencia do visconde da Carreira, precedida de uma introducção... pelo visconde de Santarem; Paris, Aillaud, 1841, cap. xxxii, pp. 164, 165.

(1) M. D'AVEZAC, *Notice des découvertes*, p. 26.

(2) « Achamos tambem que os povos que sahirão do centro da Norwegia ou Scandinavia e que se estabelecérão na Normandia e principalmente em Dieppa ou Dieppe... passarão em 1364 a costear, pelo mar Atlantico, huma parte do continente occidental da Africa, até chegarem, na opinião de Huet e de Murillo, a fazer estabelecimentos em Guiné, dando nomes francezes a alguns de seus lugares. Se pois estas navegações dos Dieppezes se extenderão até á costa de Guiné, o que nos não parece improvavel, bem havião de saber quanto naquella altura se retrahe a costa occidental de Africa. » (*Memoria sobre dois antigos mappas geographicos do Infante D. Pedro e do cartorio de Alcobaça*, por Antonio Ribeiro dos Santos, nas *Memorias de litteratura portugueza publicadas pela Academia real das Sciencias de Lisboa*, tomo VIII, parte II, pp. 292, 293.)

(3) « Lo mas notable es que las costas de Africa, visitadas ya anteriormente por los aventureros normandos hasta el cabo de Sierra Leona, fijaron la atencion de Betancourt aun antes de concluir la conquista de las islas. » (NAVARRETE, *Coleccion de los viages y descubrimientos, que hicieron por mar los Españoles desde el siglo XV*; Madrid, Imprenta real, 1825, tom. I, p. xxv.)

de nous attribuer des découvertes imaginaires; il semble bien difficile de voir un roman dans les relations de Bellefond, d'Elbée, Ducasse et des Marchais; pourquoi mettre en doute la véracité de nos vieux chroniqueurs dieppois? quand ils avaient à raconter tant de faits glorieux et incontestés; quand à chaque page ils donnent des preuves de savoir, de sens et de bonne foi, comment admettre qu'ils furent assez inintelligents pour écrire un mensonge qui devait leur enlever tôt ou tard l'autorité qu'ils ambitionnaient?

M. le vicomte de Santarem démontre, avec une abondante érudition, que les cosmographes et les cartographes antérieurs aux navigations portugaises ne savaient rien de l'Afrique au-delà du parallèle des Canaries. Ce genre de preuve ne saurait prévaloir contre les témoignages que nous avons cités. Au temps des navigations normandes, les découvertes géographiques ne se répandaient que fort lentement. M. de Santarem en a fait lui-même la remarque à propos de celles de Marco Polo, de Rubruk, de Plan de Carpin, de Mandeville, et autres qui, au XVe siècle, n'avaient pas encore déterminé les cartographes à modifier leurs tracés. On sait bien aussi que les marins de Dieppe et de Rouen, loin de publier leurs découvertes, s'efforçaient, dans un but de spéculation, de les tenir aussi secrètes que possible. Cependant, si Pizzigani, quand il fit sa carte de 1367, n'a pas deviné le cap de *Abac* (1), le *Flumen Palolus* (2), le *caput finis Africe 7^{tr} occidentalis* (3); si l'auteur de l'atlas catalan de 1375 n'a pas inventé le *Cavo de Buyetder*, le port de *Buyetder*, *Alamara*, *Ubanduch*, *Danom* et le *Cap de Finistera occidental de Affricha*; si Viladestes n'a pas imaginé le *cap de Buyetder*, *Buyetder*, *Danom*, *Abach*, le *Cap de Abach*, le *Riu de lor*, le *Flumen Gelica*, dont la rive méridionale est habitée par des nègres chrétiens, on devra reconnaître avec M. Major (4), que des navigateurs inconnus à M. de Santarem ont doublé le cap Noun longtemps avant les Portugais.

Enfin, de ce qu'on ne trouve plus de vieilles cartes normandes, s'ensuit-il qu'il n'y en a jamais eu?

Ce que nous accordons sans marchander au savant lusitanien, c'est que nos navigations du XIVe siècle, faites par de simples particuliers, dans un but mercantile, n'ont pas servi la science comme celles que le prince Henri dirigea de son observatoire de Sagros.

Après les savantes et victorieuses réponses faites par M. d'Avezac aux objections de M. de Santarem, alors que l'on pouvait croire la question définitivement tranchée en notre faveur, l'honorable M. Major, d'abord dans *The Life of prince Henry*, puis dans son excellente édition du *Canarien*, a renouvelé les négations de l'écrivain portugais. Les travaux de M. Major, jouissant d'une grande et légitime considération, nous ne croyons pas devoir laisser sans réponse celles de ses objections qui ne nous paraissent pas fondées.

D'après Bellefond, les Portugais découvrirent l'île Saint-Thomas, le 23 décembre 1405. « On sait, dit M. Major, que cette découverte n'eut lieu

(1) *Abach* de Mecia de Viladestes.
(2) *Riu de lor* de Mecia de Viladestes et de l'atlas catalan.
(3) *Cap de Finistera occidental de Affricha* de l'atlas catalan.
(4) M. MAJOR, *The Life of prince Henry*, p. 55.

qu'en 1471. Une pareille erreur doit inspirer beaucoup de défiance (1). »
Cette observation, vue de près, perd toute sa gravité. La lecture du passage
indiqué et de la page suivante prouve que Bellefond a dit ce qu'il voulait
dire, et nous nous garderons bien de supposer un *lapsus* qui n'existe pas.
Cet écrivain savait très-bien, sans doute, que les Portugais n'ont doublé
le cap Bojador qu'en 1433, vingt-huit ans après le Normand Jean de Bethencourt; qu'en 1463, à la mort du prince Henri, le cap Mesurado marquait la
limite extrême des navigations lusiades. Mais il s'agit là des découvertes
officielles, les seules que veulent admettre les diplomates et que connaissent
les historiens. Est-ce à dire que les marchands portugais n'ont pu suivre les
vaisseaux normands? Est-ce que les marchands portugais ne gardaient pas
aussi le secret sur les pays inconnus qui leur donnaient un trafic avantageux?
Est-ce que l'appât de gros profits ne les a jamais portés à d'audacieuses
entreprises? Ne serait-ce pas faire injure à cette noble nation que de croire
le contraire? Il est donc infiniment probable que le sieur de Bellefond a
voulu parler d'entreprises privées et non de la découverte officielle.

Quand l'honorable M. Major ne veut pas admettre que les Portugais nous
causèrent des ennuis en 1405, sur les côtes de Guinée, nous ne pouvons croire
que ce soit dans le seul but de revendiquer pour eux l'honneur d'avoir décou-
vert ce même pays soixante-six ans plus tard; nous supposons qu'il ne reconnaît, comme les diplomates et les historiens, que les découvertes officielles.

M. Major dit encore : « Villault de Bellefond veut que le mot *malaguette*,
nom de l'épice importée des côtes occidentales d'Afrique, soit français, et il
en tire un argument en faveur de ses prétentions. D'après le traité *Della
Decima* de Balducci Pegoletti, les villes de Nîmes et de Montpellier recevaient
au XIVe siècle, le poivre malaguette provenant des côtes de Guinée; avant le
temps du prince Henri, selon Barros, cette épice était apportée par les Maures
à travers le vaste empire de Mandingo et les déserts de Libye (2) ».

M. de Santarem avait déjà dit : « Avant les découvertes des Portugais, le
commerce des épices se faisait par les ports du Levant et par ceux de
l'Égypte ». « Le fait que nous indiquons, » ajoute-t-il en note, « est maintenant
hors de doute. Les auteurs du XVIIe siècle, et quelques écrivains de nos
jours, qui ont prétendu que des Européens faisaient déjà le commerce de la
malaguette au XIVe siècle avec les ports de la Guinée, n'ont jamais produit
le témoignage d'un seul auteur, ou document contemporain. Les prétentions
de ces auteurs sont complètement anéanties par les règles de la critique
historique la plus élémentaire (3). »

Nous nous permettons de ne pas penser sur ce point comme M. Major,
moins encore comme M. de Santarem, non en ce qui concerne les faits
énoncés par Barros et Pegoletti, mais pour les conséquences que nos doctes
adversaires veulent en tirer.

(1) M. Major, *The Life of prince Henry*, pp. 120-122.
(2) *Ibidem*.
(3) Santarem, *Essai sur l'histoire de la Cosmographie et de la Cartographie pendant le moyen âge, et sur les progrès de la Géographie après les grandes découvertes du* XVe *siècle*, etc.; Paris, imp. Maulde et Renou, 1849, p. 159 et note.

Nous savons par le *Coutumier d'Harfleur et de Leure* que le poivre long ou malaguette entrait en Seine à l'époque même indiquée par Pegoletti. D'après le *Coutumier de la vicomté de l'Eau de Rouen*, il arrivait dans la capitale de la Normandie en quantité assez considérable, puisqu'on le taxait au quintal (1). Est-ce à Nîmes et à Montpellier que nos marins allaient chercher cette marchandise? Il est permis d'en douter.

Quant au mot *Malaguette*, à qui faut-il l'attribuer? Les Italiens, qui servaient d'intermédiaires entre les Maures et les Languedociens, appelaient le poivre *Grano del Paradiso*; ils lui donnent maintenant le nom de *Pepe longo di Guinea*; le mot *Malaguette* n'a pas d'équivalent dans leur vocabulaire. Barros dit, dans sa première décade, qu'ils ne connaissaient pas la provenance de cette précieuse épice et qu'ils l'appelaient *Grana Paradisi*. Les Espagnols et les Portugais ont *Malagueta*. Barros s'en sert; mais cet auteur écrivait au milieu du XVIe siècle, alors que les nègres avaient souvent prononcé devant les Lusiades le mot *Malaguette*. On ne voit pas d'ailleurs comment ce mot pourrait se former de l'espagnol ou du portugais; au contraire on est frappé de sa forme parfaitement française, on pourrait dire normande car dans nos campagnes le verbe guetter est encore employé avec la double signification d'attendre et de regarder. Au moment même où Barros écrivait ses décades, Gilles de Gouberville, gentilhomme campagnard des environs de Valognes, rédigeait au jour le jour, au courant de la plume, le récit des incidents de sa vie. Il dit avoir vu de la *maniguette* et des *dentz de éléphant* que les marins de Barfleur allaient chercher à la côte d'Afrique (2). Dans la commission délivrée par François Ier, le 25 décembre 1538, à plusieurs conseillers du parlement de Normandie, pour interdiction des voyages aux terres de Brésil et d'Afrique, la côte d'Afrique est désignée sous le nom de *Malaguette*. Martin Behaim, dans son fameux globe, donne le nom de *Terra D'malaget* à la partie de côte comprise entre Pinias et Cabo Corso. Sur le même monument, dans la légende inscrite près du monte Nigro, la *malaguette*, qui croissait en Gambie, est appelée *Grain de Paradis* et formellement distinguée du poivre de Portugal, qui se récoltait à douze cents lieues ou milles plus au sud, dans le pays du roi de Furfur (3). On se rappelle enfin que les nègres disaient: *Malaguette*, et non: *Grana, Grano* ou *Malagueta*. Ces faits semblent permettre de conclure hardiment que le mot *Malaguette* est français, ce qui, une fois encore, donne raison à Bellefond contre M. Major et M. de Santarem.

L'argument le plus pressant de M. Major porte sur l'absence de documents

---

(1) M. Ch. de Beaurepaire, *De la Vicomté de l'Eau de Rouen et de ses coutumes au* XIIIe *et au* XIVe *siècle;* Paris, Durant, 1856, pp. 271, 289.

(2) *Journal manuscrit d'un sire de Gouberville et du Mesnil-au-Var, gentilhomme campagnard, au Cotentin, de 1553 à 1562. Etude publiée dans le* Journal de Valognes *du 17 février 1870 au 20 mars 1872, par A. T. Imprimé par Martin en 1873, p. 491.* Le manuscrit, qui forme deux énormes liasses, appartient à M. Raoul de la Gonnivière, de Saint-Germain de Varreville. Les initiales A. T. désignent le savant abbé Tollemer.

(3) La Bibliothèque nationale possède un fac-simile du globe de Martin Behaim. La malaguette s'y trouve ainsi désignée : *Gambia geloff dadi Paradis förner*. Voir *la Notice sur le chevalier M. Behaim, célèbre navigateur portugais, avec la description de son globe terrestre*, par M. de Murr, pp. 373, 374, à la suite du *Premier voyage autour du monde par le chevalier Pigafetta, sur l'escadre de Magellan;* Paris, l'an IX.

authentiques. Si les marchands de Rouen ont navigué de concert avec ceux de Dieppe, on doit, dit-il, en trouver la preuve dans les archives de Rouen, qui n'ont pas été détruites, comme celles de Dieppe, par un bombardement (1).

Il est bien vrai que les archives de Rouen n'ont pas été détruites par un bombardement; mais, hélas! elles n'en furent pas moins détruites.

Après la révolte de la *Harelle*, de 1382, et les vengeances exercées au nom du roi sur la pauvre ville, Charles VI supprima la municipalité et mit sous sa main le coffre contenant les chartres, lettres et écritures constatant les priviléges et libertés de Rouen (2). Qu'en revint-il? Ce que les agents royaux daignèrent considérer comme ne pouvant servir l'orgueil de la vieille cité. Nous avons constaté personnellement qu'il ne reste plus qu'un très-petit nombre de pièces antérieures à 1385, ce qui nous porte à considérer comme probable l'auto-da-fé traditionnel des archives municipales de Rouen.

En tout cas, ce n'est pas dans ces archives, mais au tabellionage que l'on devrait chercher les pièces relatives aux expéditions commerciales du xive siècle. Là non plus on ne saurait rien trouver. Les tabellions classaient leurs actes en deux catégories, comme le font encore les notaires. La première catégorie comprenait ceux relatifs à la transmission des propriétés et justement considérés comme devant avoir un effet perpétuel : ils sont écrits sur parchemin, avec tout le soin possible, et répertoriés; la collection en est à peu près complète. Les actes dits mobiliers, d'un effet transitoire, comprenaient les baux, les traités de commerce et d'armement de navires. Ils étaient écrits sur papier, rapidement : après un certain nombre d'années, on les détruisait comme inutiles et encombrants. Les archives des amirautés n'existaient pour ainsi dire pas. Sauf peut-être à Dieppe, où la juridiction des affaires maritimes était aux mains des échevins, chaque agent se considérait comme propriétaire des papiers de sa gestion et en disposait à sa guise. Il en était malheureusement ainsi dans toutes les branches de l'administration. Cela n'est que trop prouvé par le grand nombre de registres et de liasses de papiers d'État qui ornent les bibliothèques de Londres et de Saint-Pétersbourg (3). Toutes ces causes réunies au peu de soin que les anciens, surtout nos hommes de mer, mettaient à perpétuer le souvenir de leurs gestes, nous laissent peu d'espoir d'appuyer un jour de pièces authentiques les prétentions que nous avons à la découverte des côtes de Guinée.

Cependant nous avons retrouvé dans Hakluyt (4) et dans Ramusio (5)

---

(1) M. Major, *The Life of prince Henry*, pp. xxxiii, 120-122.

(2) *Lettre de Charles VI au bailli de Rouen*, du 20 avril 1385. (Archives municipales, tiroir 80, p. 1, carton 19.)

(3) M. H. Harrisse, *Notes pour servir à l'histoire, à la bibliographie et à la cartographie de la Nouvelle-France et des pays adjacents, 1545-1700*, par l'auteur de la *Bibliotheca Americana vetustissima*. Paris, Tross, 1872. Introduction.

(4) *The true and last discoverie of Florida, made by captain John Ribault in the year 1562. Dedicated to a great noble man of France, and translated in to Englishe by one Thomas Hackit*. Cette pièce qui se trouve dans les *Divers voyages touching the discovery of America and the islands adjacent*, collected and published by Richard Hakluyt, 1582, a été réimprimée, en 1850, par M. John Winter Jones pour l'*Hakluyt Society*.

(5) *Discorso d'un gran capitano di mare francese del luogo di Dieppa sopra le naviga-

d'importantes relations dont nous ne possédons plus les originaux; un heureux hasard a mis aux mains d'Estancelin le journal de mer de Jean Parmentier (1), le grand capitaine de mer français dont Ramusio a sauvé la relation; un autre hasard a livré à la savante et consciencieuse étude de M. d'Avezac (2) la relation authentique du voyage du capitaine de Gonneville; pareil hasard peut mettre au jour une pièce authentique relative à nos navigations des côtes d'Afrique. Si ce hasard ne se produisait pas, serait-ce avec fondement qu'on nierait ces navigations alors que nous apportons un faisceau de témoignages qui constitue un acte de notoriété, alors que nous démontrons que nos titres ont dû disparaître dans les ravages que subirent nos dépôts d'archives?

X

Les dénégations de quelques écrivains, dont nous reconnaissons d'ailleurs avec empressement le grand savoir et la parfaite bonne foi, se produisent même quand des documents authentiques justifient nos prétentions.

Au temps des expéditions françaises aux côtes de Guinée, un baron normand, Jean de Béthencourt, entreprit la conquête des Canaries. Le récit de la conquête fut rédigé par deux témoins oculaires, Bontier et Le Verrier. Il est bien connu, et ce serait abuser que d'en parler longuement. Nous n'en retiendrons que l'excursion au cap Bojador et le projet d'aller au fleuve de l'Or (3).

Du rapprochement de deux passages du chapitre LVIII du *Canarien*, M. Major conclut qu'en l'an 1405 les Français n'avaient encore vu ni le fleuve de l'Or, ni le cap Bojador. M. de Santarem va plus loin : il prétend que le port de Bojador est situé au nord, non au sud du cap de ce nom et que par conséquent Béthencourt n'a pas doublé ce cap.

Nous remarquerons, en nous servant des propres indications du savant géographe anglais que le *Rio do Ouro* ou fleuve de l'Or, est mentionné sur trois cartes antérieures à Béthencourt, savoir : le portulan médicéen de 1351, la carte vénitienne des frères Pizzigani de 1367, l'atlas catalan de 1375 (4). Nous savons aussi que Béthencourt avait une carte et que sur cette

---

tioni fatte alla terra nuova dell'Indie Occidentali, chiamata la nuova Francia, da gradi 40 fino a gradi 47 sotto il polo artico, et sopra la terra del Brasil, Guinea, Isola di San Lorenzo e quella di Summatra, fino alle quali hanno navigato le Caravelle e navi Francese. (RAMUSIO, tom. III, Venise, 1606, fol. 350 verso.)

(1) ESTANCELIN, *Recherches sur les voyages et découvertes des navigateurs normands*, pp. 241-312.

(2) M. D'AVEZAC, *Campagne du navire l'Espoir de Honfleur, 1503-1505. — Relation authentique du voyage du capitaine de Gonneville es nouvelles terres des Indes, publiée intégralement pour la première fois avec une introduction et des éclaircissements*. Paris, Challamel, 1869.

(3) *Le Canarien, livre de la conquête et conversion des Canaries (1402-1422), par Jean de Béthencourt, gentilhomme cauchois, publiée d'après le manuscrit original, avec introduction et notes, par Gabriel* GRAVIER, *pour la Société de l'Histoire de Normandie*. Rouen, Métérie, 1875. Les moines avaient bien raison, car ainsi que nous le disait M. le vice-amiral vicomte A. Fleuriot de Langle, dans une lettre qu'il nous faisait l'honneur de nous écrire le 7 juillet 1877, la légende de Gil Eannes et du cap Bojador est absurde et ridicule.

(4) *The Canarian, or book of the conquest and conversion of the Canarians in the year 1402, by messire Jean de Béthencourt, K*t*,.. translated and edited, with notes and an Introduction, by* Richard Henry MAJOR. London, printed for the *Hakluyt Society*, 1872, p. 102, note 1.

carte le fleuve de l'Or était indiqué à 150 lieues françaises du cap Bojador (1). Les mêmes indications se retrouvent sur la carte de Mecia de Viladeste de 1413. Voici comment s'expriment à cet égard les chroniqueurs de Béthencourt : « Et dit ainsi le Frere Mandeant en son liure que l'en ne compte du cap de Bugeder iusques au fluve de l'Or que C et chincante lieus françoises ; *et ainssi l'a monstré la carte*, ce n'est singlure que pour trois iours pour naues et pour bargez ; car galées, qui vont terre à terre, prennent plus lonc chemin ; *et quant pour y aler d'icy nous n'en tenons pas grant compte* (2) ».

Si les cartes prouvent la connaissance du lieu, les derniers mots des chapelains prouvent certainement de fréquentes relations.

De qui Béthencourt tenait-il ses renseignements? Un procès-verbal d'enquête dressé en 1476, par l'ordre d'Isabelle de Castille, porte qu'il reçut des informations de la bouche d'aventuriers français, de deux surtout qui avaient fait des incursions aux Canaries avec Alvarro Becerra (3). Plusieurs auteurs prétendent même qu'il vit ces îles vers 1395. Marin et quelque peu corsaire, il dut plus d'une fois demander aux capitaines des ports de Dieppe et de Rouen des renseignements sur la navigation des côtes d'Afrique. S'il vit l'Espagne avant 1402, il entendit parler des fameux cosmographes catalans et majorquins. En tout cas, il ne put rien apprendre des Italiens, qu'il ne devait voir qu'en 1406, ni des Espagnols, qui n'avaient pas encore dépassé le parallèle de Lancelote, ni des Portugais dont rien ne faisait alors prévoir les prodigieux succès maritimes. On ne peut préciser la source de ses renseignements ; néanmoins, pour peu qu'on y songe, on fera pencher la balance en faveur de ses compatriotes et l'on admettra que ceux-ci connaissaient le fleuve de l'Or avant que Béthencourt vint, par fortune de mer, en octobre 1405, « près des terres sarazines, bien près du port de Bugeder (4) ».

Ce port est-il au sud ou au nord du cap du même nom? autrement dire, Béthencourt a-t-il ou non doublé le cap Bojador?

Sur toutes les cartes des XIV° et XV° siècles (5), le nom de Bugeder est expressément donné à la petite baie située au sud du cap. Celle de Béthencourt portait la même indication. Il est clair, dès lors, dit M. d'Avezac, que Béthencourt, « en désignant le port où il était allé débarquer par ce nom de *port de Bugeder*, a voulu signaler précisément celui qui était ainsi nommé sur les cartes de son temps ; c'est donc bien au sud du cap de Bugeder qu'il est allé, et puisqu'il arrivait par le nord, il a donc bien réellement *doublé le cap* vingt-neuf ans avant Gil Eannes (6) ».

Cet argument, bien que décisif, tomberait cependant s'il était démontré

---

(1) *Le Canarien*, p. 100-101.
(2) *Ibidem*.
(3) M. D'AVEZAC, *les Iles de l'Afrique*, 2° partie, p. 154. (*Collection de l'Univers.*)
(4) *Le Canarien*, p. 168.
(5) Notamment sur celles de Pinelli, de 1384 à 1400 ; de Fredrici d'Ancône, de 1497 ; de Gabrielt de Valsequa, de 1435 ; de Graziosa Benincasa, de 1467 ; d'Andrea Benincasa, d'Ancône, de 1471 (Atlas de Santarem) ; — sur celle de Mecia de Viladestes, dont nous avons publié un extrait dans *le Canarien* ; — sur celle d'Andrea Benincasa, de 1476, publiée par M. Vivien de Saint-Martin ; — sur la première carte hydrographique de l'atlas catalan de 1375.
(6) M. D'AVEZAC, *Note sur la véritable situation du mouillage marqué au sud du cap de Bugeder dans toutes les cartes nautiques*. Paris, 1846, pp. 7, 8.

comme le souhaitait M. de Santarem, que le port de Bugeder n'exista que dans l'imagination des anciens cartographes. Les affirmations du savant portugais avaient encore pour cause une étude trop rapide. Le port de Bugeder fut omis dans plusieurs cartes postérieures au xv° siècle, mais seulement dans celles à petit point. Il figure dans la carte n° 296 dressée par l'amiral Roussin, pour le Dépôt général de la marine, à la suite du voyage d'exploration qu'il fit, en 1817 et 1818, sur la côte d'Afrique, du cap Bojador aux îles de Los. Il est décrit par ce même officier dans son *Mémoire sur la navigation aux côtes occidentales d'Afrique*. Ayant pris position sur la partie la plus occidentale de la falaise, l'amiral vit, au nord, une grève de sable roux qui formait une pente jusqu'à la mer; au sud, à la suite de cette falaise, il vit la petite anse du cap Bojador, dans laquelle on peut mouiller, « mais le fond y est mauvais, et à un demi-mille de terre, il y a quatre-vingts pieds d'eau ».

Ce passage du *Mémoire*, surtout si on le rapproche de la carte n° 296, consacrée spécialement à la *côte comprise entre le cap Bojador et le cap Blanc*, ne peut laisser aucun doute : la petite anse est réellement au sud de la pointe sablonneuse à laquelle le nom de cap Bojador reste appliqué comme on l'avait fait jusqu'alors. Cette conclusion est confirmée par cette indication des *Sailing directions* de l'*African Pilot* : « Ce cap est entouré d'un récif qui s'étend à plus d'une lieue en mer; *au sud*, on peut mouiller dans une petite baie, par quatre ou cinq brasses; mais, en venant par le nord, on ne doit pas en approcher à moins de vingt brasses (1) ». C'est donc bien au sud du cap Bojador que se trouve la petite anse du même nom et M. de Santarem prétend à tort que Béthencourt n'a pas doublé ce cap vingt-neuf ans avant les Portugais.

Si nous insistons sur ce fait, c'est uniquement pour être fidèle à la vérité. Nous aimerions tout autant que l'expédition n'ait pas eu lieu, car si l'on peut en tirer gloire au point de vue maritime, au point de vue de la morale, qui domine toutes les questions, on rougit à la pensée que le baron normand ne toucha la côte d'Afrique que pour en enlever des hommes et des femmes, voler ou tuer trois mille chameaux. Nous avouons ne pas comprendre les paroles flatteuses que cet acte de barbarie lui valut du pape Innocent VII (2).

XI

C'est peu après les exploits de Béthencourt que les marins de Dieppe et de Rouen commencèrent à négliger leurs comptoirs du golfe de Guinée, que le prince Henri le Navigateur, par un prodige de patriotisme et de persévérance, forma cette marine qui devait porter si haut et si loin le royal pavillon portugais.

---

(1) « Cape Bojador, in lat. 26° 12' 37". This cape is surrounded by a reef, which extends above a league into the sea ; to the southward of it, you may anchor in a little bay, in 4 or 5 fathoms water ; but coming from the northward you must not approach it nearer than 20 fathoms ». (*Sailing directions*, p. 10). — M. D'AVEZAC, ut suprà, pp. 8-11.

(2) « Car ainsi que i'entends, » lui dit le pape, « le pais de terre ferme n'est pas loing d'y là ; le pais de Guinée, et le pais de Barbarie ne sont pas à plus de xij lieus. Encore me

En 1463, quand mourut ce prince, la belle devise qu'il avait empruntée à la langue française : *Talant de bien faire*, c'est-à-dire : *désir* de bien faire (1), était gravée au cap Mesurado, vers le 6ᵉ degré de latitude nord. En 1471, João de Santarem et Pedro de Escalone exploraient tout le golfe de Guinée, reconnaissaient le Gabon jusqu'à l'Ogovaï et le cap Santa-Catarina.

Quand les Normands revinrent, sous le règne de François Iᵉʳ, leurs comptoirs étaient aux mains des Portugais. Ils reprirent leur trafic, mais loin de Castello-de-Mina, pour n'être point inquiétés par les nouveaux venus. Bien que très-modestes dans leurs prétentions, puisqu'ils consentaient à glaner là même où jadis ils moissonnaient, les Portugais prirent ombrage de leur présence et résolurent de les expulser. Ils avaient pour eux la force et la fameuse bulle de 1454 par laquelle Nicolas V leur avait accordé la souveraineté exclusive des mers voisines de l'Afrique et de l'Inde. Les Normands n'étaient pas hommes à se laisser chasser ainsi. A la suite de quelques désastres, ils mirent sur chacun de leurs bâtiments, armés en corsaires, au moins quatre canons et de nombreux équipages qui ne demandaient pas mieux que d'essayer sur les Portugais la puissance de leurs bras. Le sang des pirates du Nord n'était pas encore figé dans leurs veines, et souvent l'ennemi paya cher son orgueilleuse témérité. Le commerce d'Afrique reprit ainsi de l'importance.

En 1531, l'amiral de France fit arrêter, par l'ordre du roi, qui s'était mis dans le cas de subir les exigences du Portugal, des navires envoyés au Brésil et en Guinée par Nicolas de la Chesnaye, Iehan le Gras, Pierre Moisi, Gilles de Froissi, Iehan le Guigner et Richard Fessard, marchands et armateurs de Rouen. Le conseil des Vingt-Quatre de cette ville se réunit le 26 août de la même année, sous la présidence de maître Langlois, conseiller du roi et lieutenant général du bailli, et chargea maître Nicolle Fasrin, conseiller au Parlement, d'exposer au roi « les grands dommages qui adviendroient à lad. ville si tels voyages estoient empeschez », et lui faire remarquer « que la pluspart des habitans d'icelle sont fondez et le moyen de vivre despendre de la traffique des marchandises qui se fait par la mer (2). » La mission de maître Nicolle Fasrin n'eut aucun succès ; de leur côté, les marchands de Rouen ne s'arrêtèrent pas aux défenses royales. Le pénultième jour de mai et le 23 août suivant, François Iᵉʳ interdit formellement à tous ses « subgectz de ne aller à la terre de Brésil ne à la Maléguette ». Les Rouennais ne respectèrent pas plus cette défense que les précédentes. Le 22 décembre 1538, sur les plaintes de l'ambassadeur du Portugal le roi nomma une commission spéciale pour la répression des contraventions. « Faictes ou faictes faire derechef et dabondant, dit-il, expresses inhibitions et deffences de par nous, sur certaines et grandes peines, à nous à applicquer à nosd. subgectz, tant generalement que

---

rescrip le roy d'Espaigne que vous aués esté dedens led. pais de Guinée bien x lieus, et que vous aués tué et amené des Sarazins d'icellui pais. Vous estes bien homme de qui on doit tenir conte. Et veulx que vous ne soiés pas mis en oubli, et que vous soiés mis en escript avec les autres roys, en leur dialogue ». (*Le Canarien*, p. 187.)

(1) Vontade de bem fazer. « (CORDEYRO, *Historia insulana das ilhas a Portugal sugeytas no Oceano Occidental*; Lisboa Occ., 1717, p. 38.)

(2) *Archives municipales de Rouen, registre des délibérations*, A. 13, fol. 153.

particullièrement, et à son de trompe et cry public, qu'ils n'ayent à voyager esd. terres de Bresil ne Mallaguette *ny aus terres descouvertes par les roys de Portugal* (1). »

Nous n'insisterons pas sur ce compromis aussi peu honorable pour la royauté que douloureux pour le peuple; mais nous ne pouvons nous dispenser de faire remarquer la différence que François Ier établit entre les terres de *Bresil et de Malaguette*, d'une part, et, d'autre part, les *terres descouvertes par les roys de Portugal*. La nouvelle décision consterna les armateurs. Charles Migart, Olivier Chouard, Romain Guerry, Iehan Geoffroy, Iehan Chaulieu, Iehan Avelline et Genevois se réunirent immédiatement à la maison commune, avec beaucoup de marchands, pour en demander le retrait (2). Ils eurent gain de cause.

L'arrivée, en 1541, d'un ambassadeur de Portugal causa de nouvelles alarmes dont le registre des délibérations des Vingt-Quatre conserve le souvenir (3). Il est à présumer qu'ils réussirent encore une fois à conjurer l'orage, car Gilles de Gouberville nous apprend que les marins de Barfleur faisaient librement, en 1554, le trafic de la *maniguette* et des *dentz de éléphant* qu'ils allaient chercher en Guinée (4).

Les Portugais n'en interdisaient pas moins cependant, avec la dernière rigueur, l'approche de leurs comptoirs. Les Normands, que l'État laissait sans protection, subissaient de grandes pertes et réduisaient peu à peu le champ de leurs excursions. Par acte passé devant les tabellions de Rouen le 12 octobre 1567, Barthelemy Hallé, Alonce Le Seigneur, Bonaventure de Crament, Eustache Tuvache et Adrien Le Seigneur s'associèrent pour le commerce maritime, mais ils limitèrent leur action à Saphy (Azaffi, au sud du cap Cantin), Sainte-Croix de cap de Gay (cap de Ger ou d'Agadir), Maroque (Maroc sur le Tensift, au nord de l'Atlas), et terre de Therouder (probablement Taroudant, ville du versant méridional de l'Atlas, à l'est de Sainte-Croix), c'est-à-dire à la côte située au nord du cap de Noun (5).

Quatorze ans plus tard, la société avait perdu quelques membres, mais elle en avait gagné un plus grand nombre et ses navires fréquentaient aussi les côtes du Brésil.

En 1582, l'*Espérance*, l'*Advanlureuse* et la *Petite-Espérance*, armées pour cette destination, furent jetées par la tempête dans les eaux de Castello-de-Mina. Pierre-Richard Sénécal et Jehan Pécat, facteurs des marchands rouennais, furent autorisés par Vasco Fernandez Pimentel, gouverneur, à décharger leurs marchandises et à les vendre dans le pays. Un acte régla minutieusement les conditions de déchargement, d'emmagasinage et de vente. Il fut dressé un inventaire des marchandises confiées à la garde des officiers portugais. Pimentel reconnaît tout cela dans une lettre qu'il écrivit à Pierre

---

(1) *Arch. mun. de Rouen*, A 14, fol. 283, publiées par FRÉVILLE, *Mémoire sur le commerce maritime de Rouen*, tom. II, pp. 437-439.
(2) *Arch. municip. de Rouen*, A. 14, fol. 285.
(3) *Arch. mun. de Rouen*, A. 14, fol. 537.
(4) *Journal manuscrit d'un sire de Gouberville*, etc., p. 491.
(5) *Tabellionage de Rouen*. (Communication de M. Ed. Gosselin.)

Lubin et que l'on conserve en copie, avec tout le dossier de l'affaire, aux archives départementales de la Seine-Inférieure.

Sur ces entrefaites, Pimentel fut remplacé dans ses fonctions par un nommé Jehan Rodrigue Passaignes. D'après une lettre du 3 mai 1584, de Henri III au roi d'Espagne, Passaignes ne reconnut point les engagements de son prédécesseur, fit emprisonner Sénécal et Pécat et se préparait à couler le vaisseau qui les avait amenés, quand, secrètement prévenu, ce vaisseau remit en mer pour la Normandie. L'intervention royale et les actives démarches de notre ambassadeur Languée furent sans succès. En présence de ce déni de justice, Jacques Le Seigneur, Pierre Lubin, Adrian Le Seigneur, Pierre Pillar, Eustache Tuvache, Laurens Hallé, Guillaume Leblanc et consorts demandèrent et obtinrent du roi des lettres de représailles, c'est-à-dire le droit de se faire justice eux-mêmes sur les biens de son « tres cher et tres amé bon frere et cousin le roi d'Espagne et ses subiets de la somme de cent soixante ung mil deux cens quarante escus XXI sols, pour la valleur des marchandises chargées sur quatre navires par les supplians enuoviés dès l'an v° IIII^{xx} II au chasteau de la Mine, du consentement de domp Vasco Fernandez de Pymantel, gouverneur dud. chasteau, pour les y vendre et debiter (1) ».

Le 22 mars 1530, François Ier avait accordé pareilles lettres au fameux armateur Jean Ango, vicomte et capitaine-commandant de la ville et du château de Dieppe, à qui les Portugais avaient pris un navire. Ango fit-il la guerre pour son compte et en son nom, au roi de Portugal, qui possédait alors une puissante marine? François Ier, qui gardait si jalousement les prérogatives de son pouvoir absolu, envoya-t-il au vicomte de Dieppe l'ambassadeur de Jean III? Il est grandement permis d'en douter. Cependant on ne peut méconnaître que les lettres royales qui enjoignent aux gouverneurs des provinces maritimes de laisser au sieur Ango toute liberté pour recouvrer par la force, sur le roi de Portugal, une somme de 250 000 ducats, prouvent que, pour avoir été enjolivée, la tradition dieppoise n'en repose pas moins sur des faits graves et certains (2).

La malheureuse affaire de 1582 semble avoir découragé les Rouennais ; mais, en abandonnant les côtes de Guinée, ils concentrèrent leurs efforts sur une colonie qu'ils avaient fondée à l'embouchure du Sénégal. Cette colonie, d'ailleurs parfaitement située, sous le rapport de la défense, n'était qu'à dix-huit ou vingt jours de navigation des côtes de Normandie. Un banc de sable, souvent déplacé par l'Océan, interdisait aux navires l'entrée de la rivière. La passe n'était accessible qu'à des embarcations spéciales et nécessitait des pilotes habiles et très au courant de ses incessantes variations. Les marchands de Dieppe et de Rouen, formés en compagnie, portèrent sur les rives du Sénégal leur expérience des affaires, le caractère loyal et sympathique qui les avait fait aimer des peuplades du golfe de Guinée. Leur colonie prospéra, et ce n'est pas volontairement qu'ils la cédèrent, en 1664,

---

(1) *Archives départementales de la Seine-Inférieure*. (Communication de M. de Beaurepaire.)
(2) SANTAREM, *Relations diplomatiques du Portugal*, cité par M. LÉON GUÉRIN, *Histoire maritime de France*. Paris, Ledoux, 1844, tom. I, p. 211, note.

à la Compagnie des Indes occidentales, moyennant une somme de 150 000 livres.

De 1664 à 1709, quatre compagnies se succédèrent au Sénégal, et toutes résilièrent leurs priviléges à la suite de pertes importantes. En cette année 1709, une compagnie formée à Rouen acheta le privilége 240 000 livres. La colonie prospéra de nouveau. En 1718, quand le roi la fit passer à la Compagnie des Indes, les Rouennais reçurent 1 600 000 livres, c'est-à-dire plus de six fois et demie la somme engagée en 1709.

Nous terminons ici cette étude. Nous avions pour objectif les navigations normandes; mais nous avons regardé comme un devoir exprès de rappeler celles des autres peuples qui ont fréquenté les côtes d'Afrique avant ou dans le même temps que les hommes de la Normandie.

Nous prétendons, nous espérons avoir prouvé que nos marins ont montré aux Portugais la route du cap Bonne-Espérance, mais nous proclamons hautement les immenses services rendus à la science et à la civilisation par les prodigieuses découvertes dont l'initiative revient au prince Henri le Navigateur.

PARIS. — IMPRIMERIE DE E. MARTINET, RUE MIGNON, 2

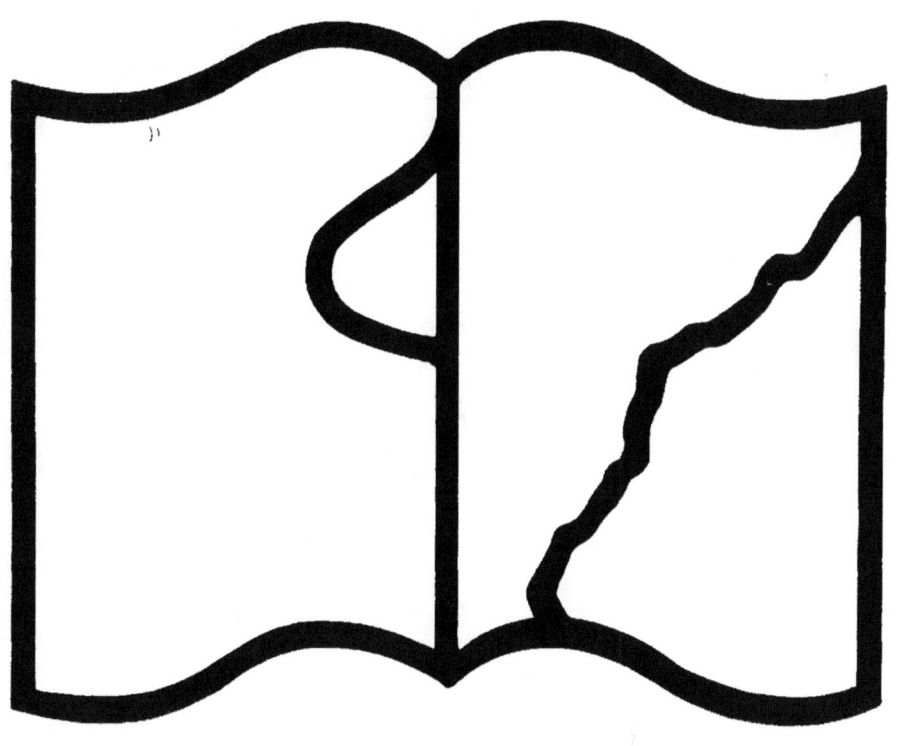

Texte détérioré — reliure défectueuse

NF Z 43-120-11

www.ingramcontent.com/pod-product-compliance
Lightning Source LLC
Chambersburg PA
CBHW060515050426
42451CB00009B/1000